JN256012

木質構造部材・接合部の変形と破壊

Deformation and Fracture in Timber Structure

日本建築学会

ご案内

本書の著作権・出版権は（一社）日本建築学会にあります．本書より著書・論文等への引用・
転載にあたっては必ず本会の許諾を得てください．

Ⓡ〈学術著作権協会委託出版物〉
本書の無断複写は，著作権法上での例外を除き禁じられています．本書を複写される場合は，
（一社）学術著作権協会（03-3475-5618）の許諾を受けてください．

一般社団法人　日本建築学会

序

　本会は，木質構造建築物の構造に関する規準として「木造建築物の強度計算（案）」を 1944 年に作成した．それ以後，幾度かの改定を経て，2006 年 12 月に現行の「木質構造設計規準・同解説—許容応力度・許容耐力設計法—」に至っている．

　このうち，1995 年 1 月の改定時には，製材だけではなく多種多様な木質材料が普及してきたことと，他構造材料との複合など構造形式が多様化してきたことなどを受けて，それまでの「木構造」を「木質構造」と改めて書名を「木質構造設計規準・同解説」としている．

　「木質構造」を冠した書籍としては，同じ 1995 年 1 月に「木質構造設計ノート」を刊行している．材料物性の統計的扱いや荷重継続時間，複合的な組立部材，新構法といった，木質構造の新たに登場した考え方やその背景を教えるものであったが，既に絶版となっている．2009 年 11 月には，木質構造設計規準に含まれていない新しい接合法をまとめた「木質構造接合部設計マニュアル」を刊行している．既往の研究成果を実務に即して取りまとめたハンドブックは，実用書としての好評を得ている一方で，そこで提案された接合法の信頼性向上や木質構造設計規準ほか各種構造設計方法との整合が，課題として残されている．このほかに，2010 年 12 月には「木質構造基礎理論」を，2011 年 8 月には「木質系耐力壁型式構造に関する Q&A」を，2012 年 10 月には「木質構造接合部設計事例集」を刊行している．

　木質構造の高度な設計法はいくつかあるが，各設計法に共通する基礎として，外力によって生じる変形と破壊を，どこまで安全なものと判断して許容するか，を議論することが重要となる．1990 年 10 月に刊行した「建築耐震設計における保有耐力と変形性能（1990）」の木構造の章では，1988 年 11 月に設計規準とは分離刊行された「木構造計算規準・同解説」の内容を踏まえつつ，規模や構法ごとに当時最新の研究成果を整理している．

　本書では，多くの構造性能が接合部で決まるといわれる木質構造建築物について，既往の研究や実験の結果，事故や災害の記録の中から，木材及び木質材料による構造部材とその接合部，そしてそれらからなる構造体の変形と破壊の実現象を取り出して紹介することで，どこまでが安全なのか，どのように現象を理解するべきなのか，を考える手掛りを提供したい．また，そこを出発点として，どこまでが安全に利活用できる範囲なのかを考え，その範囲を拡げるための手助けとなる情報も併せて提供したい．

　地球環境の保全や持続的発展が声高に叫ばれている現在，本書が日本の木質構造の発展に繋がることを期待している．

2018 年 2 月

日本建築学会

本書作成関係委員
—— （五十音順・敬称略） ——

構造委員会
委員長　塩原　　等
幹　事　五十田　博　久田嘉章　山田　　哲
委　員　（省略）

木質構造運営委員会
主　査　五十田　博
幹　事　槌本敬大　藤田香織
委　員　青木謙治　板垣直行　稲山正弘　大橋好光　軽部正彦
　　　　河合直人　腰原幹雄　坂田弘安　中島史郎　中村　　昇
　　　　森田仁彦　安村　基

木質構造材料・接合部の変形破壊小委員会　（2016.3）
主　査　軽部正彦
幹　事　板垣直行
委　員　青木謙治　稲山正弘　小野　　泰　蒲池　　健　河内　　武
　　　　神戸　　渡　楠　寿博　小林研治　澤田　　圭　照井清貴
　　　　原田浩司　福山　　弘　宮武　　敦

木質構造変形破壊資料活用検討 WG　（2016.3）
主　査　板垣直行
幹　事　小林研治　澤田　　圭
委　員　青木謙治　井上正文　神戸　　渡　腰原幹雄　貞広　　修
　　　　槌本敬大　照井清貴　中川貴文　野田康信　福山　　弘

■執筆担当委員

第1章
　　　軽部正彦

第2章
　　　井上正文
　　　河内　　武
　　　軽部正彦
　　　貞広　　修

第3章
　　　神戸　　渡
　　　楠　寿博
　　　澤田　　圭
　　　野田康信
　　　宮武　　敦

第4章
　　　板垣直行
　　　小野　　泰
　　　蒲池　　健
　　　軽部正彦
　　　楠　寿博
　　　小林研治
　　　澤田　　圭
　　　中谷誠信
　　　野田康信

第5章
　　　青木謙治
　　　板垣直行
　　　蒲池　　健
　　　照井清貴
　　　野田康信
　　　福山　　弘

第6章
　　　軽部正彦
　　　楠　寿博
　　　槌本敬大
　　　原田浩司

第7章
　　　軽部正彦

目　　次

1　　はじめに 1

2　　木質構造における破壊の特徴と設計の考え方
　2.1　木質構造の構造特性 2
　2.2　部材特性と破壊 6
　2.3　構造設計における変形と破壊の捉え方 9

3　　材料としての木材
　3.1　木材の変形と破壊 17
　3.2　木質材料 29
　3.3　木材の強度異方性 37
　3.4　長期的な性状 46

4　　接合要素
　4.1　接合部における変形・破壊の特徴 58
　4.2　胴付き・嵌合接合 68
　4.3　曲げ降伏型接合具 76
　4.4　柱脚・柱頭金物 82
　4.5　梁受け金物 93
　4.6　グルード・イン・ロッド 97
　4.7　ラグスクリューボルト 100
　4.8　ラージ・フィンガー・ジョイント 103
　4.9　曲げ降伏型接合具によるモーメント抵抗接合 108
　4.10　引きボルト型モーメント抵抗接合 114
　4.11　めり込み型モーメント抵抗接合 117

5　　構造要素
　5.1　筋かい耐力壁 122
　5.2　面材耐力壁 128
　5.3　組立部材 137

6　　建物で起きる障害・破壊の実例
　6.1　経年による変形・破壊 145
　6.2　大規模木質構造の接合部 148
　6.3　地震による破壊 154
　6.4　津波による破壊 157
　6.5　豪雪による破壊 164
　6.6　突風・竜巻による破壊 167

7　　まとめと今後の課題 169

1　はじめに

　地球環境問題を背景にして，有史以前から様々な用途に材料として利用されてきた木材が脚光を浴びている．木材は自然循環する炭素化合物の一形態であり，人類が身を守るシェルターの構造材料として，古くから利用されてきたものである．長い利用の歴史があり，その使い方についても洗練を極めていることに異論は無いだろう．そのため，ある意味「成熟しきった」技術とも見られがちで，発展の余地も未来も見いだされることなく，ごく最近まで，他の優秀で使いやすい建築構造材料の後塵を拝してきたと言えよう．

　鉄やセメントなど人工的に調製され工業生産された建築構造材料は，力学的性能のバラツキが少なく，安定した性能と品質を持つ，均質な材料として社会に供給されている．また，高強度の部材や接合についても容易に入手し実現可能なものが多く，その性質を最大限に活かしたまま，任意の形状の部材を造り，高い強度のコンパクトな接合が可能である．それら，人間にとって都合の良い特性を背景にして，構造技術が大きく進化して来たことは間違いない．また，生分解性を持たない特性から，長期的耐用性においても安定した性能が期待できる．これらの恩恵により設計者は，参照可能な品質規格を設計図書で指定するだけで，自由な発想に基づく形を柔軟に実現できる生産体制が構築できていると言える．しかし，世界規模の気候変動という大きな環境問題に直面している現代において，人間の都合のみを優先する考え方では，持続可能な発展を実現することは困難であろう．

　そのような観点から，木材利用が見直されている時代にある．木材の良さの本質は，自然に在るものを利用していることであり，人間が手を加えることの少なさにある．人間の都合を優先し，多くの手を加えて獲得する背伸びした性能は，他の材料との単純勝負では劣位にしか立つことはできない．少ない加工で人間にとって都合の良い特性を引き出すことこそが，今，木材に求められているのである．

　木材は樹木由来の生物材料である．枝を広げた結果が節であり，円錐を重ねるように生長した結果が年輪である．樹木として存在するために最適化された構造体は，四角い製材にすると必ずしも人間にとって都合の良い内部構成とは成り得ない．細胞壁からなる中空の構造は軽く強い材質の元であるが，局部的に力を受けると潰れやすい．部材長手に沿って強軸が並ぶ木材繊維は，その繊維に沿って裂けやすい．つまり，樹木として完成された数々の構造的工夫は，構造体を構成する部材として進化・淘汰・最適化されてはおらず，間違った使い方をすれば思わぬ欠点となることは必至であり，いわば足枷として認識する必要がある．

　見方を変えれば，木質構造部材は，リユース部材ととらえることもできる．自然界で育つ樹木の幹を，そのまま切削加工して梁や柱にして利用することはもとより，接着剤等で積層・再構成することによって，幾分か自由な大きさや形状，均質性を得ることはできる．しかし，素材となる木材の性質から完全に脱することは不可能である．そこに在るものを転用して使う発想であるリユース部材の宿命として，新たに設定しようとするその用途に合わせた最適化は不可能であり，いまそこにある部材の材質形状を見極めて選別し，使用可能な位置を建物の中で探すことになる．したがって，形状や強度などの要求仕様を満足できない場合には，別途追加入手するか，手持ちの部材を活用できるように建物の形を変えるか，どちらかの対応を採らざるを得ない．

　これらの不自由と構造との間を高い次元で調和させることが，木質構造関係者に求められる業である．壊れを制御するところを造り込んで構えを護り，構造体の維持のために許容できない破壊を遅らせる．部材や接合部の破壊，構造体の崩壊のメカニズムを理解することは，限られた材料を最大限に活かして，より安全余裕度の大きい，構造体を造るために必要不可欠である．

　本書は，建築構造材料として木材をより良く利用するための鍵となる，木質構造材料とその接合部，そして構造体の破壊や変形の実際を，設計，施工，および研究開発の現場に携わる皆さんに理解して貰おうと，まとめた解説書である．「どう壊れるか」は，「どのように壊れるか」でもあり，「どこから壊れるか」でもある．「どう壊れるか」の全てを知ることで，「どう壊すか」をコントロールできることになる．そこに在る部材の性質を見極めて選別する技術と，それを使った構造の破壊に対する安全限界を正しく理解して破壊防止設計する技術，そしてそれらの調和水準を人々の安心と結びつける技術を揃えることこそが，自信を持って「造り」，安心して「住み」「活用する」空間のための構造を実現してくれることになる．

　本書が，安全な木質構造を実現しようとする読者の皆さんの一助になれば幸いである．

2 木質構造における破壊の特徴と設計の考え方

2.1 木質構造の構造特性

ここでは、まず木質構造の構造特性を鉄筋コンクリート構造や鉄骨構造といった他の構造と比較、解説し、続いて木質構造の構造特性を＜多様性＞というキーワードをもとに解説する.

木質構造の構造部材には一定の性能を有した製材などのエンジニアード・ウッドとしての木質材料が使用される。これらは鉄筋コンクリート構造の構造部材を構成するセメントや鉄筋、鉄骨造の鋼材に比べ、その製造段階での二酸化炭素排出量が少なく、地球環境保全の立場からも大きな利点を有している.

また、木質構造は比強度（比重に対する強度の比）が極めて高い木質材料を主として使用するため、建物重量が他の構造形式に比べて小さい。このため、基礎構造に大きな負担が掛からず、基礎構造における建設コストの低減を図ることができる。さらに、建物全体の重量が軽減されることから、地震力の軽減につながるケースが多い。一方で、風圧力の影響を受けやすくなるため、小屋組と骨組み本体との接合部などに十分な配慮が求められる.

木質構造は、構造性能が接合部の性能に依存するケースが多く、接合部性能の確保が構造設計上の重要ポイントとなることが多い。このため、木質構造以外の構造に比して、接合部における強度・変形性能を十分に考慮した設計が求められる.

2.1.1 木質材料の多様性

木質構造の多様化の背景には、これを構成する木質材料の多様化がある。合板、集成材（図 2.1-1）、単板積層材（LVL, 図 2.1-2）などの各種エンジニアード・ウッドの積極的な使用にとどまらず、厚物合板（厚さ 24mm 以上の合板, 図 2.1-3）の出現や、直交集成板（Cross Laminated Timber, CLT, 図 2.1-4 および図 2.1-5）の導入といったことが、構造形式の幅を広げる大きな原動力となりつつある。ただし、木質材料は鋼材とは異なり、長期荷重に対して大きなクリープ変形を生じる場合があることが知られており、この変形への対応も重要である。本書第3章で、これらの材料特性と破壊性状について記している.

図 2.1-1 集成材　　図 2.1-2 単板積層材　　図 2.1-3 構造用厚物合板

図 2.1-4 CLT 部材
（写真提供：日本 CLT 協会）

図 2.1-5 実大 CLT 部材
（写真提供：日本 CLT 協会）

2.1.2 接合法の多様性

構法の多様化を支えるもう一つの技術開発として，新しいタイプの接合技術の開発研究が活発である．伝統的嵌合接合やくぎ・木ネジなどの既存の接合具を用いる接合法に加えて，接着剤で力を伝達する接着接合や鋼棒を接着挿入する GIR（Glued-in Rod）接合のほか，新しいタイプの金物接合の開発・導入も構法の多様化を支えている．接合部での破壊形態には，めり込み・割裂・木破・接着剤の凝集破壊・接合具の破壊など多様であり，一つの接合形式においてもその仕様により様々な破壊形態を示す場合もある．接合部の破壊事例を図 2.1-6 から図 2.1-11 に示す．通常，木材が破壊するような接合形式は脆性的である．したがって，大地震災害時の人命確保の観点から，構造物が靭性型となるように接合金物が先行して塑性変形するような接合部とすることが主流であるが，近年の木質構造における高層・大型化を目指した工法開発では，接合部における強度確保を優先し，木材の脆性破壊を許容した接合形態も見られるようになった．本書第 4 章では，このような類の接合部の最終破壊状態や変形状態の把握の助けとなることを大きな狙いとしている．

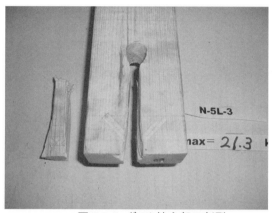

図 2.1-6 ボルト接合部の割裂

図 2.1-7 土台の割裂

図 2.1-8 GIR 接合部の木破

図 2.1-9 GIR 接合部の凝集破壊

図 2.1-10 合板耐力壁におけるパンチング破壊

図 2.1-11 合板耐力壁における釘の引き抜け破壊

2.1.3 木質構造における構法の多様性

木質構造においては，伝統構法・在来軸組構法・枠組壁工法・木質パネル工法・丸太組構法・ラーメン構造・トラス構造・CLT パネル工法など多種多様である．これらは，長年用いられてきた構工法から海外から導入された構工法や近年導入・開発された構工法まで，それぞれ多様な歴史的背景を持ち，使用する木質材料もそれぞれ異なることも多い．また，それぞれの構工法は，建築条件や施主のニーズとの整合性の中で施工に供されている．

近年大型・中層木質構造をターゲットとしたラーメン構造・トラス構造といった既存の構造形式は，性能向上のための技術開発を伴いながら適応範囲を広げつつある．近年，欧州から導入された CLT パネル工法は，その材料性能の把握と JAS 化が実施されたことに加え，これに続いて構造性能・接合性能を把握するための試験研究及び構造設計法の確立に向けた調査研究が精力的に行われ，設計法として告示化された．また，これらの構造の特徴を組み合わせることで建物全体の耐火・構造性能向上を目指した混構造も建物の大型化・中層化の中で施工に供される事例が増えてきている．

図 2.1-12　CLT 工法建物
（モデル建物）

図 2.1-13　中層木造建物（エムビル）
（RC との立面混構造）

図 2.1-14　大規模木造建物（大阪木材仲買会館）
（RC との平面・立面混構造）

図 2.1-15　大規模木造建物（サウスウッド）
（RC との平面・立面混構造）

図 2.1-16　大規模木造建物（埼玉県東部地域振興ふれあい拠点施設）
（RC との立面混構造）

2.1.4　木質構造の構造設計・計画上の課題

前項までに述べた木質構造の構造特性を踏まえて，構造設計・計画上の課題を述べる．

1)　材料面での課題

樹木は，立ち木の状態で風などの外力に抵抗するため樹木全体として極めて合理的な材料特性を有している．例えば，風圧力による曲げに対して抵抗できるよう，多くの針葉樹では断面内部強度分布をみると外周部ほど引張・圧縮強度性能が中心部のそれにくらべて高くなっている．また，自身の成長のため枝を幹から伸ばすため節が形成されている．この節も樹木の成長にとって欠くべからざるものである．このように，樹木は立ち木の段階では，理想的な形状・強度性能を有しているといえる．

しかし，木質材料として利用する場合，これらは欠点として取り扱われることになる．製材やラミナなどとして利用可能な形状に加工する段階で，その理想的な形状・特性が失われてしまい，これが逆に材料の欠点として浮かび上がるのである．また，木材という素材が＜ばらつき＞を有していることから，それを組み合わせた木質材料の多くも個体ごとに＜ばらつき＞が存在するとともに，強度面でも強い異方性を有している．したがって，木質材料が強度・剛性に対する異方性や節などの欠点をもつ材料であることを十分に考慮した構造設計を心掛けることが必要となる．

2)　構造設計上の課題

接合部での破壊や変形が構造物の最終耐力や変形性能に大きな影響を及ぼすため，構造設計の段階ではこれらの最終状態をイメージすることが極めて重要である．他の構造と同様に外力に対して接合部や耐力壁といった耐力要素に生じる応力が特定の要素に集中しない工夫も求められる．耐力壁を構成する筋かいの座屈など，部材そのものの破壊については，節や割れなどの欠点が強度上の問題を起こさない程度のものとするか，その存在を考慮した設計・施工が重要である．

【参考・引用】

1)　日本 CLT 協会： http://clta.jp/clt/

2.2 部材特性と破壊

木材は強い異方性を持つ材料である．そのため，建物を構成する構造部材としての形状を整えることと，強度的に最も有利な方向で木材を構成することは，必ずしも両立できない場合も多い．本節では，木材を解剖学的に紐解き，各部材に生じる力と破壊との関連について解説する．

2.2.1 木材の特性

木材は樹木として育つ．構造体としての樹木を見てみると，樹幹の生長方向に木材繊維方向が合致している．地面からの自立を維持し，枝葉を支えるその方向に，強い圧縮強度が発現されているのがわかる(図 2.2-1 左)．樹木が大風を受けて曲げられる場合には，受圧側には引張りの応力が，その反対側には圧縮の応力がかかることになるが，このような横からの力にも，木材の繊維は有効に働く(図 2.2-1 右)．

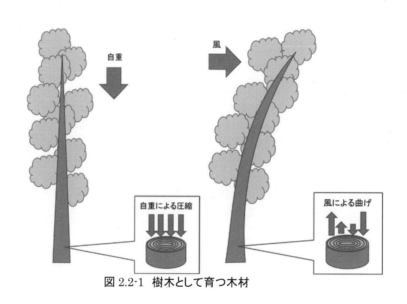

図 2.2-1　樹木として育つ木材

一方，生物体として光合成により成長する樹木は，大量の水を光合成の現場である葉に届ける必要がある．木材の顕微鏡写真を図 2.2-2 に示す．スギやヒノキなどの針葉樹は，仮道管(tracheid)と呼ばれる中空のパイプの束で幹を構成している．この仮道管は個々の細胞の抜け殻が樹軸方向につながってできており，このパイプの大きさ，パイプの壁の厚さと質が強度的な差異を生んでいる．樹木の肥大成長は，断面外周の樹皮直下に位置する形成層が内側と外側に細胞分裂することで行われる．針葉樹の年輪を細かく見るとわかるが，春には大きな断面の仮道管が形成され，夏や秋にはやや肉厚の小さな断面の仮道管が形成される．また，年輪を横切るように中心から延びる放射組織もある．この仮道管の伸びる方向が，木材繊維方向であり，これに直交する方向が繊維直交方向である．なお，同じ針葉樹の仲間であるアカマツなどには，樹脂道と呼ばれるパイプ状の細胞間の空隙(細胞間道)がみられる．一方，ケヤキなどの広葉樹は，水を送るしくみと樹体を支持する機能は分業しており，水分を送る仕組みは道管(導管 vessel)が，樹体を支持する機能は繊維(fiber)が担っている．道管の大きさや配列は樹種により特徴づけられているが，広葉樹はこれらのほかにも構成要素が多く，針葉樹と比較して複雑で多種多様である．

このように木材は，樹種や個体間，個体内部位の違いなどにより，組織構造に違いがあり，それが材質的特性となる．程度の差こそあれ，中空のパイプを束ねた構造体は，パイプの横潰れがしやすく，パイプに沿って裂けやすい特性を持っている．その一方で，パイプの長手方向には引張にも圧縮にも強い特性を持っている．

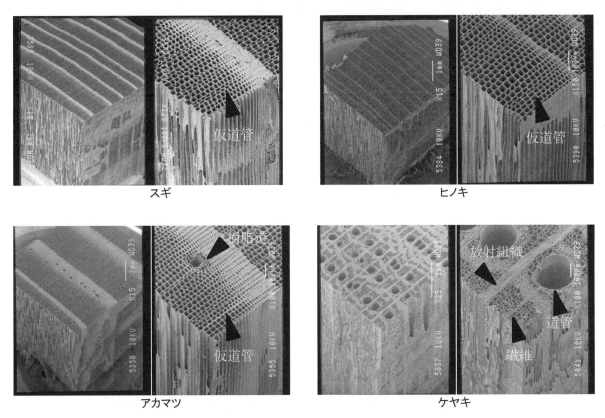

図 2.2-2 木材の電子顕微鏡写真 [1]
（それぞれ，左側写真の一部を拡大したものが右側）

　製材は，この樹木の幹を伐採して得られた丸太を切削し成形したものである（図2.2-3）．そのため，柱や梁に用いる長い部材は，部材の長手方向と木材繊維方向が同じになる．小さく短い部材であれば，自由な方向に製材することもできるが，部材が受ける力の向きと，部材の強度異方性を上手に合わせなければ，強度的にも経済的にも合理的な構造にはならない．また接合部など，部材内の限られた箇所に局部的な力が働く場合であっても，一本の樹木から得た丸太を切削して部材とする以上は，局部的に強度を高めることは難しい．集成材や複合部材の場合には，そのような可能性もあり得るが，組み合わせる元の木材が違えば特性が異なることに注意を要する．

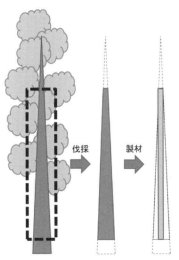

図 2.2-3 丸太と製材の関係

2.2.2 構造体に使用される部材

　構造物を建設する場合，そこに用いられる構造部材は，一般に，構造物内の使用部位に合わせて，各部材の形状と材質を調製して用意される．人工的な材料は，一定の範囲で自由に強度設定できることはもちろん，部材内で強度を変化させたり，自由な形に整形したりすることもでき，何よりも等方性の強度を与えることができる場合が多い．これに対して木材は，一種の既存構造体である樹木の幹を，取り出して再利用する，いわば「再利用部材（リユース部材）」であり，任意形状部材の強度を目的数値以上に整えたり，部材内で均質安定化したりすることが困難であることを認識する必要がある．

　樹幹からのリユース材である木材は，製材することによって現れる節や繊維傾斜などの欠点を，採材・切削位置の調整によって回避したり，表面に現れる木目などを頼りに選別・除外したりすることで，形質に基づいた一定の強度選別を行うことができる．また，密度や打撃による共振周波数の測定，あるいは小荷重載荷時のたわみからの曲げ剛性測定など，物理的現象を利用した非破壊測定法により強度推定することができる．しかしながら，リユース部材の宿命として，個々の部材がどのような材料で造られたのか，その部材にはどのような使用履歴があるのか，その使用環境や継時的な材質変化の可能性は無いのかなど，人工的に製造された材料とは明らかに違う強度影響因子を持っており，さらには現有の部材を再利用するという点で，同質部材・あるいは部分を採取し破壊させて強度確認することが難しい．

2.2.3 部材特性を活かした使い方

　部材が受ける力の方向は，必ずしも部材の強度が高い材料軸に合致するとは限らない．強度異方性の各方向に設定された許容応力度に対して，作用する応力がそれを下回るように部材設計されるが，その元となる材料強度は，部材内の局部的な応力状態とは違う状態で強度試験して設定されている場合も多い．したがって，接合部における部材の取り合いについては，使用される部材の形状や，木材繊維方向について十分に注意したうえで，強度的な余裕度を持たせることが必要である．併せて，部分的な破壊が全体崩壊に直結しないよう，複数の接合を組み合わせるなど，多段階的に破壊するような配慮も必要である．

　特に問題となるのは，木材の繊維に沿った割れである．繊維直交方向に引き裂くような力に対して繊維に沿った割れが発生する場合のほか，部材の部分的な破壊発生が繊維に沿って進展するような場合，さらには繊維方向に沿ったせん断力によって割れが進展するような場合もある．

【参考・引用】
1)　　森林総合研究所：日本産木材データベース, http://db.ffpri.affrc.go.jp/WoodDB/JWDB/home.php
2)　　日本建築学会：建築部材のリユースマニュアル・同解説，2009. 10
3)　　日本建築学会：期限付き建築物設計指針, 2013.4
4)　　日本建築学会：木質構造設計規準・同解説－許容応力度・許容耐力設計法－, 2006.12

2.3 構造設計における変形と破壊の捉え方

2.3.1 設計における安全率の考え方とその課題

安全率は，建築物が崩壊もしくは機能に問題が発生する最小の外力と想定される最大の外力の比率であり，部材の検定では設計用許容応力度の存在応力に対する比率となる．建物の安全率を確率として示すには，信頼性設計を行う必要があるが，木質構造は接合部や耐震要素の仕様が他の構造と比べ多様化しており，信頼性設計に必要な構造特性値を得るためのデータが不足している．

図 2.3-1 に強度及び荷重の分布と破壊確率(信頼度)の概念を示す．強度の分布が経年変化を起こす要因としては，木質材料のクリープ破壊特性(DOL)と材料劣化の影響が挙げられる．木質構造設計規準・同解説[1] (以下，木規準)ではクリープ破壊特性を荷重継続期間影響係数として設計用許容応力度に反映させており，長期許容応力度はクリープ限界以下に設定している．

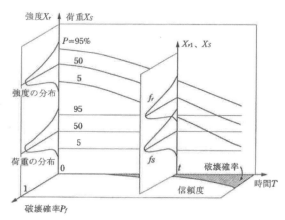

図 2.3-1 強度特性の劣化と破壊確率の増加[2]

現行の設計体系は，許容応力度計算と保有水平耐力計算とから成り立っている．許容応力度計算では各部位の検定結果として安全率を求めているが，保有水平耐力計算では保有水平耐力と必要保有水平耐力の比率として建物全体の安全率が明示される．

建物の安全性を建築基準法が求めている必要最小限のレベルよりもどの程度高めるのかは，設計の重要な課題であり，建築主との協議が必要である．安全率は建設コストに影響し，場合によっては建築計画に制約が生ずるおそれがある．安全率は，許容応力度計算では外力の割増し，保有水平耐力計算では保有水平耐力と必要保有水平耐力の比率として設定することが一般的である．

以下，それぞれの設計法の安全率に関する留意事項を示す．

1) 許容応力度計算

弾性剛性に基づき求めた応力度が許容応力度以下の場合には損傷が生じないが，各部位の検定結果及び変形は下記の項目により変動することに注意が必要である．

(1) 部材剛性

部材剛性は材種，含水率，寸法効果，欠点，及び欠損等で変動する．同じ部材でも中央部と端部では剛性が異なる可能性がある．

グレーディングマシンによる MOE (Modulus Of Elasticity) 計測を行っている木材(機械等級区分)の部材剛性の信頼性は高いが，目視等級区分材もしくは無等級材(日本農林規格に定められていない木材)の剛性評価は推定に過ぎない．

(2) 接合部の剛性

設計では接合部をピンもしくは半剛節としてモデル化を行うが，応力解析において接合部の剛性評価が建物の応力分布や変形に及ぼす影響を無視できない場合がある．接合部の剛性がどの程度応力や変形等の解析結果に影響を及ぼすのかについては，架構形式によっては詳細な検討が必要となる．

(3) 耐震要素の剛性

筋かいもしくは面材耐力壁の剛性評価は，建物全体の水平剛性に大きく影響を及ぼす．耐震要素の剛性評価は実験に基づき設定する事が望ましいが，解析により評価を行う場合は接合部の特性を十分考慮することが必要である．なお，壁倍率に基づき剛性を推定する場合には，当該仕様の壁の短期基準耐力が特定変形角時の耐力で決まっているとは限らず，剛性は壁倍率に必ずしも比例するものではないこと，また，耐久性や使用環境，施工性の影響などを勘案して定める低減係数がかけられていることから，十分に注意する必要がある．

(4) 木質材料の許容応力度

木規準では木質材料の許容応力度は基準材料強度(F)に様々な係数を乗じて決めるが，法的には，許容応力度は施行令 89 条及び平 12 建告 1452 号で規定されており，施行令 89 条の基準強度(F 値)は木規準の基準材料強度(F)と基本的に同じものである．基準材料強度(F)は，基準強度特性値($_0F$)に劣化影響係数(K_t)を乗じて求めるが，基準強度特性値($_0F$)は，標準的な試験データの信頼水準 75%の 95%下側許容限界値(以下，5%下限値)より統計的に設定されている．木規準の設計用許容応力度(f)は，基準材料強度(F)の 1/3 として算出された基準許容応力度($_0f$)に荷重継続期間，寸法効果，含水率，及びシステム効果等を勘案して算出され，施行令より求める値と同じである．木規準では，設計者が想定する任意の建物供用期間に応じ，マディソン・カーブより荷重継続期間影響係数を設定することでクリープ破壊を考慮した許容応力度の調整が可能である．

製材や集成材は，基準法 37 条(建築材料の品質)で指定建築材料に指定されていないが，平 12 建告 1452 号，及び平 13 国交告 1024 号で基準強度(F 値)が規定されており，基準法 20 条(構造耐力)及び施行令で規定されている構造計算が法的に可能である．告示で規定された製材，構造用集成材，単板積層材は，基本的に JAS(日本農林水産規格)に適合することが求められているが，平 12 建告 1452 号の第六では無等級材(日本農林規格に定められていない木材)の基準強度(F 値)が規定されており，品質が保証されていない製材を用いた構造計算が法的に可能となっている．無等級材は，木規準では普通構造材として告示と同じ基準材料強度が設定されているが，その品質は現行 JAS の甲種構造材 2 級以上を想定していることに留意する必要がある．なお，施行令 46 条(構造耐力上必要な軸組等)で求められている必要壁量規定の適用を除外するためには，施行令 46 条 2 項関連告示(昭 62 建告 1899 号)に基づく構造計算を行うことが必要であり，この場合は無等級材の使用は認められていない．

新しい木質材料である CLT(Cross Laminated Timber，日本農林規格(JAS)では「直交集成板」)は，平 28 国交告 562 号により平 13 国交告 1024 号が改正され，JAS に定める幾つかの強度等級のものについて，繊維方向及びめり込みに対する基準強度が示された．これにより，各種許容応力度，及び材料強度の計算が法的に可能となった．CLT の基準強度は，JAS に定める CLT の構成及びラミナの品質により算出する必要があるが，この場合の基準強度は 5%下限値となる様各種の調整係数が掛け合わさっている[3]．木質材料の基準強度がどの様に決まっているのか背景を理解することは重要である．

機械等級区分された木材は目視等級区分された木材よりも強度の推定精度は高いが，機械的に計測できない材端部や局部的な欠点を評価することはできないため，目視による評価を併せて行う必要がある．木質材料は品質のばらつきやクリープ特性が大きいことからも，許容応力度がどの様な背景より規定されているのかを認識した上で設計を行うことが重要である．

(5) 接合部の基準許容せん断耐力

柱頭や柱脚，梁端部といった接合部の耐力が不足し，柱の離脱や梁の脱落が先行するような場合には，耐力壁等の耐震要素が機能することなく構造物が崩壊に至ることから，耐力壁の仕様に見合った接合方法を選択し，十二分に緊結しておくことが非常に重要である．法令としては，施行令 47 条及び平 12 建告 1460 号にて住宅等の小規模木造建築に用いる耐震要素の構造性能を担保する継手，仕口の仕様が規定されているが，これら以外の仕様については，構造計算または実験による性能の検証を行うことで設計が可能となる．構造計算は木規準等により行うことになるが，木規準では曲げ降伏型接合部の設計を単位接合部と接合部[全体]に分けて検討を行うことになっている．

単位接合部の設計用許容せん断耐力(P_a)は基準許容せん断耐力(P_0)より算出されるが，基準許容せん断耐力(P_0)の算出には降伏せん断耐力(P_y)を求める必要がある．降伏せん断耐力(P_y)は接合形式により降伏モードを想定して決めるが，母材・接合部・接合具の形状，材料強度，及び応力の方向により降伏モードが変化する．木材や接合具の材料強度を適切に評価出来なければ，単位接合部の降伏モードが変わるおそれが

あるので注意が必要である.

　接合部［全体］の設計用許容せん断耐力(P_a)は木材の設計用許容応力度(f)を求める際に算出した基準許容応力度($_0f$)と同じ位置付けとなる接合部全体の基準許容せん断耐力より様々な係数を乗じて求めるが,それぞれの係数の分布(確率密度変数)を明確に示すデータが望まれる.特に接合部全体の基準終局せん断耐力の算出では割裂やせん断破壊による終局耐力を求めるが,計算値と実際の耐力との相関がどの程度あるかが把握できるよう,関連データの蓄積が望まれる.接合部［全体］が脆性的に破壊すると算定された場合,強度的な安全率を大きくとるか,接合部の仕様を靱性が期待できる納まりに変更する必要がある.

2) 保有水平耐力計算

　二次設計の安全率は,保有耐力と必要保有水平耐力の比率である.外力分布により崩壊メカニズムが変動し,保有水平耐力の値が変化する.立面剛性が大きく変化するような場合は注意が必要であるが,ここでは A_i 分布等の一定の外力分布の下での木質構造の保有水平耐力及び必要保有水平耐力に関し留意すべき事項を挙げる.

(1) 保有水平耐力

　保有水平耐力は,建物が崩壊メカニズムを形成するか,特定の部材の破壊により鉛直支持能力を失った時点の耐震要素の負担水平力の和として求められる値である.建物の保有耐力を増分解析で求める場合は,各部位の靱性を適切に評価しなくてはならない.すなわち,木質構造の耐震要素は筋かいや面材などの耐力壁,接合具を用いたモーメント抵抗接合および伝統木造建築に用いられる嵌合系接合等に分類されるが,それぞれの耐震要素の変形性能を精査した上で,建物の保有水平耐力を求める必要がある.実務的には増分解析において特定の変形時の水平力を保有水平耐力として算定することが一般的に行われているが,木質構造の場合は接合部に多様性が有り,既往の研究や木規準の仕様と異なる接合部を用いることがある。この場合は実験などによって,保有水平耐力時の変形において鉛直支持能力が失われるような脆性的な破壊が各部に生じていないことを確認する必要がある.

(2) 必要保有水平耐力

　大きな地震を受けた場合,1 質点系の建築物の弾性応答と初期剛性が同一の完全弾塑性復元特性を有する建築物の入力エネルギーは同等である.工学的には二つの建築は同等の耐震性能を有しているとみなし,1G の弾性応答に低減率を乗じた水平力を必要保有水平耐力としている.その低減率は構造特性係数 Ds と定義されて,塑性領域の変形が大きいほど大きなものとなる.木質構造の場合は母材で破壊すると極めて脆性的であることから,一般的には接合部でのめり込みを伴う靱性的な破壊に変形性能を期待するが,接合方法は多様であり,解析等で予測し難い割裂などを伴う脆性的な破壊が生じることも考えられる.構造特性係数 Ds は崩壊メカニズム形成時の応力によって評価するが,木質構造の場合,例えば筋かい端部に発生する大変形時の 2 次応力モーメントにより,木材の割裂が終局耐力や靱性能に対して無視できない場合などがあり,崩壊メカニズムの算定には注意が必要である.

3) 今後の課題

　建物の終局時安全率を求めるには保有水平耐力設計を行う必要があるが,現状は事例が少ない.この理由として,木質構造は鉄筋コンクリート構造や鉄骨構造と比べ,接合部や耐震要素の仕様が多種多様で,崩壊メカニズムの特定が難しいことにより,設計者が容易に Ds を設定することができないことが一因として挙げられる.一般的に,現在の木質構造は強度を確保することで建物の耐震性能を担保しているが,将来的には部材や接合部仕様の標準化及び実験データを設計者が共有することで,靱性能に期待した経済的な設計が可能となるであろう.

【参考・引用】
1) 日本建築学会「木質構造設計規準・同解説 ―許容応力度・許容耐力設計法―」,丸善, 2006.12
2) 林知行:高信頼性木質建材「エンジニアードウッド」,日刊木材新聞社, p.30, 1998.3
3) 公益財団法人日本住宅・木材技術センター:CLT 関連告示等解説書, 2016.6

-12- 木質構造部材・接合部の変形と破壊

2.3.2 モデル化と設計クライテリアの設定

1) 各種の設計法におけるクライテリアとその設定方法

木質構造の構造設計においては，建物の規模や仕様などに応じて各種の計算手法が用いられ，それぞれの計算法においてクライテリアが設定されている．ここでは，建築基準法に定められた木質構造関連の構造設計手法における各種の計算法で用いられるクライテリアとその設定における考え方について整理する．

(1) 壁量計算

木造2階建て以下で延べ床面積が500m²以下，高さが13m以下，軒の高さが9m以下のいわゆる4号建物の設計や，許容応力度計算・限界耐力計算による設計法においても適用される計算である．

クライテリアとして「必要壁量」が設定され，

存在壁量 ≧ 必要壁量

であることを，地震力・風圧力の両方に対して確認する．

必要壁量は，風荷重に関しては，沖縄を除く日本の各地で観測された台風の風速で最大のもの（伊勢湾台風を想定）の風圧に対して軽微な被害となるよう，建物の変形角が 1/120 rad 程度に収まるように設定され，地震荷重に関しては，想定建物の層せん断力と耐力壁の許容耐力の比から計算した壁量に基づく数値で設定される．したがって，これらの前提条件を逸脱するような場合は，壁量の割増などの措置が必要になる可能性がある．

存在壁量は，階ごと，方向ごとの耐力壁の壁量の合計より算定され，建築基準法などに定められる数値，あるいは，住木センターによる試験法など公的に認められた方法による試験で定まる個々の耐力壁の壁倍率から算定される．

これらの壁量は，数十年に1度の稀に発生する地震（震度5強）に対しては軽微な被害で済むが，数百年に一度の極めて稀に発生する地震（震度6強）に対して人命は保証するが建物は修復不可能な被害となることもやむなし，という考え方に従って設定されたもので，木造建築の通常の接合形式は接合部分がピンに近く回転しやすいため，柱や梁の断面を増やすのみでは地震や風などの水平荷重に抵抗できないことから，各階ごとに所定の量の耐力壁の設置を義務付けたものである．

4号建物などの壁量計算のみで設計が可能となるケースにおいては，その前提として，必要壁量のほかに，四分割法などによる壁配置のバランス，柱頭・柱脚や筋かい端部の接合方法，基礎の仕様，柱径，土台と基礎の緊結，屋根ふき材の緊結，横架材・筋かい・火打ち，などに関する構造仕様規定をすべて満足する必要がある．

(2) 許容応力度計算

延べ床面積500m²，または3階建て以上に適用される許容応力度計算法による設計法や高さ13m，軒の高さ9mを超える建物に適用される許容応力度等計算法による設計法において必須とされる計算である．

クライテリアとしては「許容応力度」が設定され，

許容応力度 ≧ 一次設計用荷重[*]により部材に生じる応力度

[*] 耐用年限中に数度発生する中地震（最大地表面加速度 80～100gal）を想定

であることを，曲げ，せん断，軸力の各荷重に対して確認する．

許容応力度は，標準試験体を用いた標準試験で得られる，強度分布の信頼水準75%における95%下側許容限界値をもとに，各種の係数（安全率・寸法効果・経年変化の影響など）を掛けた値として設定され，全ての部材の応力が弾性限度内にあり，架構内にヒンジが形成されないことを前提に，地震後も建物はほぼ無被害で継続使用が可能であることを想定している．

許容応力度計算のみの構造計算で許容される前提として，上記の建物高さに応じた層間変形角，剛性率，偏心率の確認のほか，前述の必要壁量の規定，および，これに伴う構造仕様の規定も満足することが原則である．ただし，施行令46条2項に関連する昭62建告1899号の規定に従って，層間変形角，偏心率などの計算を行えば，これらの必要壁量の規定を避けることも可能である．

(3) 保有水平耐力計算

高さが 31m を超え 60m 以下の建物に適用される保有水平耐力計算による設計法において必須とされる計算である．

クライテリアとして「必要保有水平耐力」が設定され，

   保有水平耐力 ≧ 必要保有水平耐力

であることを確認する．

必要保有水平耐力は，図 2.3-2 に示すように，各部材が弾性状態のまま二次設計用荷重（耐用年限中に1回発生するかも知れない大地震，最大地表面加速度 300～400gal を想定）まで達した場合のエネルギー量より設定され，建物が崩壊しない限界の耐力を層せん断力として算定するもので，水平荷重がこの耐力値を越えると，架構の各所にヒンジが形成されて架構が崩壊する．ただし，部材の破断については想定していない．必要保有水平耐力は，建物に偏心等がないものとすれば，

   Qun ≧ Ds×Qud
   Qun:必要保有水平耐力, Qud:二次設計用荷重, Ds:構造特性係数

で表わされ，図 2.3-2 において，OCD の面積＝OAB の面積となる縦軸の値が「保有水平耐力」の値となる．

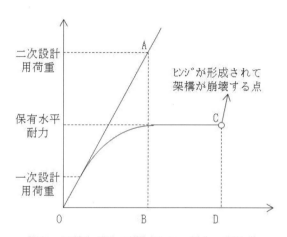

"OCDの面積≧OABの面積"となるように設計する

図 2.3-2 保有水平耐力計算の考え方

木質構造における復元力特性は必ずしも完全弾塑性では無いが，構造システムとしてそのような挙動が認められる場合があり，実験的に確認された範囲において採用される場合がある．保有水平耐力計算適用の前提として，壁量計算・仕様規定，許容応力度計算，層間変形角・剛性率・偏心率の計算も併せて行うことが必要となるが，壁量計算・仕様規定については，前述の許容応力度計算の場合と同様，施行令 46 条に基づく昭 62 建告 1899 号の規定に従って，層間変形角，偏心率などの計算を行うことで除外することが可能である．

(4) 限界耐力計算

高さが 31m を超え 60m 以下の建物に用いられる計算である．

クライテリアとして「損傷限界変形」および「安全限界変形」が設定され，損傷限界および安全限界時の応答がそれぞれ，損傷限界変形および安全限界変形以下であることを確認する．

損傷限界変形，安全限界変形は設計者の判断で設定され，木造建築では各層の変形角で損傷限界変形 1/120 rad，安全限界変形 1/30 rad という値が一般的である．なお，偏心や剛性の偏りが著しい，崩壊形が明快でない，層ごとの履歴特性の差が大きい（混構造など），地盤の液状化が想定される，2次モード以上の高次の影響が大きいなどの場合は，限界耐力計算が適用できないケースもあるので注意を要する．

限界耐力計算適用の前提として，許容応力度計算が併せて必要となるが，壁量・仕様規定，層間変形角・剛性率・偏心率の計算は不要となる．従って，柱脚部を緊結しない伝統木造などの設計にも適用される．

(5) 地震応答解析

高さが 60m を超える建物，基準強度が制定されていない新しい材料や新しい工法となる場合に用いられる解析である．

地震波入力による時刻歴応答解析などに基づく総合的な性能評価が必要で，併せて許容応力度計算による確認も必要となるが，壁量・仕様規定，層間変形角・剛性率・偏心率の計算は不要である．ただし，大臣認定を受けることになるので，限界耐力計算に比べて高度な知識と技術が必要である．

2) 建物の荷重変形関係と各種構造設計法の関係

図 2.3-3 に，建物全体の代表点の荷重-変形関係と主な構造設計法の関係の模式図，および，建物各部の破壊状況との関係を示す．

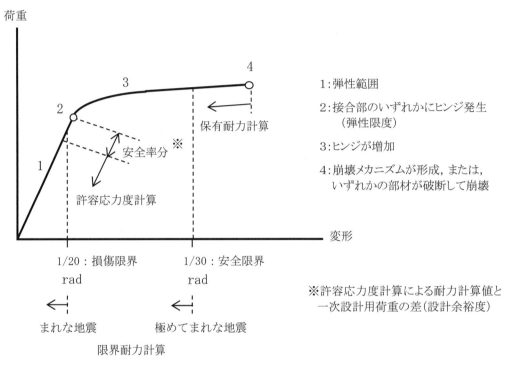

図 2.3-3 建物全体の荷重－変形関係の代表点と主な構造設計法の関係

3) 実験データとそのモデル化

木造建築の構造設計，構造解析では様々な部位のモデル化が行われ，使用されるモデルも計算の手法や目的，対象とする部位の種類などに応じて千差万別である．一例として，モデル化される部位と代表的なモデルを構造計算の種別ごとに列挙すれば，以下のようなものが挙げられる．

(1) 骨組解析（一次元有限要素解析）で用いられるモデル

限界耐力計算，地震応答解析，などで使用されるもので，以下のようなものが挙げられる．

- 柱・梁　　　　　　　：オイラー梁柱要素，チモシェンコ梁柱要素
- 接合部　　　　　　　：ピン，半剛節接合バネ
- 面材(壁・床)，筋かい：壁倍率・床倍率，ブレース置換，壁エレメント置換，他
- 伝統木造関係　　　　：傾斜復元力，柱脚の浮き上がり・すべり，など
- 復元力特性　　　　　：スリップ・バイリニアモデルの組合せ
- 荷重－変形関係　　　：折れ線への置換

表 2.3-1 にこれらのモデルの特徴をまとめる．

表 2.3-1 骨組解析(一次元 FEM 解析)用のモデル

対象	手法・モデル	考えられる注意点・問題点など
柱・梁	オイラー梁柱要素	分布荷重や変断面梁など, ヒンジが要素端部に生じないケースでのモデルの精度
	チモシェンコ梁柱要素	極端な短スパン梁など, せん断変形が支配的な場合のモデルの精度
接合部	ピン	実際の接合部は完全なピンではなく, ある程度の半剛節接合部となる
	半剛節接合バネ(めり込みのモデルなど)	めり込み時のハードニング現象の考慮
面材(壁・床)筋かい	壁倍率・床倍率	所定の仕様規定を満足していることが数値使用に当っての前提
	トラス要素によるブレース置換	接続する節点のずれなどの考慮
	壁エレメント置換	大壁の場合, 接合点が躯体芯と一致していないことなどの考慮
	バネと梁柱要素の組合せ	圧縮と引張のばね定数の区別の要否
伝統木造における傾斜復元力	特殊なバネなどに置換	非線形弾性の特殊なバネモデルが必要 軸力変動への対応
伝統木造における柱脚の浮き上がり・すべり	特殊なバネなどに置換	圧縮と引張で異なる性状のバネや軸力変動に対応したバネなど特殊なバネモデルが必要
復元力特性	スリップ・バイリニアモデルの組合せ	繰返し載荷時の剛性低下の考慮など
荷重−変形関係曲線の折れ線への置換	面積(エネルギー)が等価な折れ線に置換	単調・片側繰返し・正負交番繰返しなど載荷方法による違いは考慮されない

(2) 二次元・三次元有限要素解析で用いられるモデル

実験の代替やシミュレーション解析, 応力など実験で計測できない物理量の把握, などで使用されるもので, 以下のようなものが挙げられる.

- ・ 柱・梁 ：各種の平面要素, 立体要素
- ・ 接合部 ：各種の平面要素, 立体要素と接触要素, 摩擦要素などの組合せ
- ・ 直交異方性 ：各種の平面要素, 立体要素
- ・ 幾何学的非線形性 ：各種の平面要素, 立体要素
- ・ 弾塑性 ：降伏条件・硬化則, 流れ則
- ・ 亀裂 ：亀裂のモデル

表 2.3-2 にこれらのモデルの特徴をまとめる.

表 2.3-2　有限要素解析（二次元 FEM 解析・三次元 FEM 解析）用のモデル

対象	手法・モデル	考えられる注意点・問題点など
柱・梁	各種の平面要素・立体要素	木材の異方性の考慮
接合部	各種の平面要素・立体要素と接触・分離・摩擦などを考慮できる要素との組合せ	摩擦係数などの定数の設定や荷重変動への対応など計算時間や解の収斂性などで難がある場合も多い
直交異方性	各種の平面要素・立体要素	異方性材料の物性 材料定数のデータが少なく，材料試験などによる定数特定方法も未確定
幾何学的非線形性	各種の平面要素・立体要素	木材の異方性の考慮
木質材料の弾塑性	強異方性を考慮した降伏条件・硬化則・流れ則	木材に適した降伏条件などの設定 現状では取り扱い可能なソフトや汎用コードはほとんどない
木質材料の亀裂	亀裂のモデル	木材に適した諸定数の設定 現状では取り扱い可能なソフトや汎用コードはほとんどない

(3)　その他

　限界耐力計算における一質点系モデル，地震応答解析などで用いる多質点系モデル（疑似立体モデル）などがある．前項までに記したものも含め，いずれの解析手法を適用する場合においても，適用するモデルの特性（得手，不得手），適用範囲があることを十分に認識したうえで解析することが重要である．

3 材料としての木材

3.1 木材の変形と破壊

3.1.1 木材の組織と力学的性質

1) 木材の外観の形成 [1)-5)]

(1) 早材（earlywood）と晩材（latewood）

樹木は幹や根の先端にある分裂組織で伸長成長し，樹皮の内側にある分裂組織（形成層）で肥大成長する．季節変化が明確な地域では年輪（annual ring）が形成され，日本では樹木の成長は春に始まり，夏にかけて活発化し，夏から秋にかけて鈍くなり休止する．そして，翌年の春から再び肥大成長が始まる．成長前半の領域は早材と呼ぶが，春材（springwood）と呼ぶこともある．成長後半の領域は晩材と呼ぶが，夏材（summerwood）と呼ぶこともある．一般に，早材は細胞直径が大きくて細胞壁が薄く，晩材は細胞直径が小さくて細胞壁は厚い．1組の早材と晩材が1年輪となる．

(2) 心材（heartwood）と辺材（sapwood）

形成層で作られた細胞の中で貯蔵物質（でんぷんや糖など）を含む細胞がある領域を辺材，貯蔵物質が消失または心材成分へと変換された領域を心材と呼ぶ．模式的に示すと図 3.1-1 左図の太実線で囲まれた部分が心材に相当する．スギやヒノキ，カラマツでは，樹幹内部の濃色の領域が心材，外周の淡色の領域が辺材となる．エゾマツ，トドマツのように色調による心材，辺材の区別が明瞭でない樹種もある．

(3) 繊維方向（longitudinal direction），放射方向（radial direction），接線方向（tangential direction）

幹軸に平行な方向を繊維方向，樹幹横断面上の髄から外側へ向かう方向を放射方向，年輪に接する方向を接線方向という（図 3.1-2）．樹木から木材を切り出したとき，横断面を木口面（end grain），放射方向に平行に切った面を柾目面（edge grain, quarter-sawn grain），接線方向に平行に切った面を板目面（flat grain, flat-sawn grain）と呼ぶ．板目の板材においては，樹皮側の板目面を木表（きおもて），髄側の面を木裏（きうら）と呼ぶ．

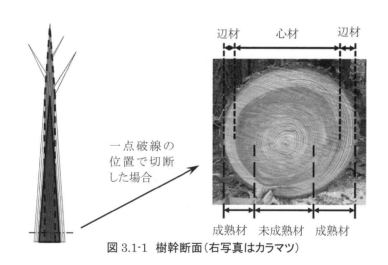

図 3.1-1 樹幹断面（右写真はカラマツ）

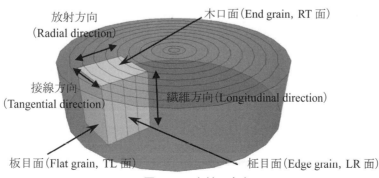

図 3.1-2 木材の方向

2) 欠点となる組織の形成 [1)-5)]

(1) 未成熟材（juvenile wood）

形成層は年齢によって成熟度が異なる．未成熟な形成層から作られた木部が未成熟材，成熟した形成層から作られた木部が成熟材（mature wood）と区分される．普通，未成熟材の範囲は髄から10～15年輪までとされるが，樹種や生育環境（天然林木と造林木など），地際からの高さによって異なる．針葉樹では一般に未成熟材は成熟材と比べて密度が低く，細胞壁は薄く，細胞壁を構成するミクロフィブリルの傾斜角が大きく，仮道管（針葉樹材の90%以上を構成する細胞）の長さが短い．成熟材と未成熟材の区分方法に決まりはないが，年輪数や仮道管長で区分することが多い．年輪数で区分すると図3.1-1左図の破線で囲まれた部分が未成熟材に相当し，横断面で見ると未成熟材と成熟材は図3.1-1右図のように区分される．

(2) 節（knot）

樹木は枝を形成し，陽光条件が不足すると枝は枯れ落ちる．幹の肥大生長に伴って幹内部に取り込まれた枝が節になる．枝が生きている間は枝と幹の組織が連続した節が形成され，これを生節（intergrown knot, tight knot）という．枝が枯れて枝と幹の連続性がなくなると死節（encased knot）や抜節（loose knot）となる（図3.1-3）．節に腐れがあると腐れ節（decayed knot）という．節の軸方向に沿って切断されて現れる節は流れ節（spike knot）という．

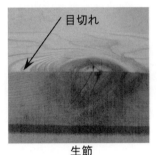
生節
(Intergrown knot)

死節
(Encased knot)

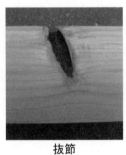
抜節
(Loose knot)

流れ節
(Spike knot)

図3.1-3 節の種類

［注］ 日本語で書かれた書籍には生節をlive knot，死節をdead knotと英訳している場合が見られるが，英語圏で出版されている専門書籍にはこのような表記は見当たらない．

(3) あて材（reaction wood）

樹木の生育環境が地滑りなどによって変化し，それまで鉛直方向に生育していた幹が傾くと，幹を本来の方向に戻そう（図3.1-4）として幹内部にはあて材という組織が形成される（図3.1-5）．一般に針葉樹では傾斜した幹の下側にあて材（圧縮あて材, compression wood）が形成され，広葉樹では傾斜した幹の上側にあて材（引張あて材, tension wood）が形成される．

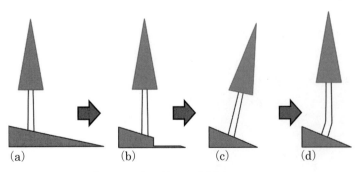
図3.1-4 あて材の形成例

※斜面上に生育している樹木（a）が土砂流失（b）による斜面勾配変化で幹が傾斜（c）する．樹木は直立の位置に戻るために幹を曲げながら成長（d）する．

図3.1-5 トドマツのあて材

※針葉樹のあて材は正常材よりも濃色になる．

(4) もめ（compression failure）

風や雪などの外力や強い成長応力によって生じる幹内部の圧縮破壊の跡をもめという．

(5) 入り皮（bark pocket, included bark）

外傷によって木部が露出すると，周辺組織はその部分を巻き込むように治癒する．このとき幹に取り込まれた樹皮を入り皮という．入り皮とその周辺の乱れた組織全体のことは「さるばみ」と呼ばれる．

(6) 成長に伴う割れ

樹木が成長過程で受ける成長応力や，温度や風などによって生じる応力が原因となって幹内の木部に割れが生じることがある．髄から放射方向に走る割れを心割れ（heart shake, heart crack, rift crack），心割れが複数あるものを星割れ（star shake），年輪に沿った割れを目回り（ring shake）という．厳寒期に幹表面に発生する縦長の割れを凍裂（frost crack, frost split）という．凍裂跡は春には閉じるが次の冬には同じ箇所で裂け，これを繰り返すと幹表面に霜腫れ（frost rib）や蛇下りと呼ばれる跡ができる．

3) 造材に伴う欠点の形成 [1), 5)-9)]

(1) 乾燥に伴う割れ（check）

木材の乾燥過程で木材の表面と内部に含水率差が生じ，乾燥応力の差が大きくなると木材に割れが生じる．木材表面に生じる表面割れ（surface check），木口に生じる木口割れ（end check）は乾燥初期に現れ，木材内部に生じる内部割れ（inner check）は乾燥後期に現れる．木口割れから表面割れに発展することもある．一方の材面から他方の材面までつながる割れは貫通割れ（through check）という（図 3.1-6）．

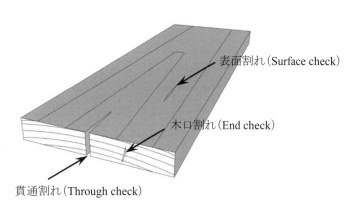

図 3.1-6 割れの名称

(2) くるい（distortion）

接線方向と放射方向の収縮率の違いや，木材中の不均等な成長応力や乾燥応力によって，木材は変形することがある．変形の総称をくるいという．くるいの主なものには反り（warp, sweep）とねじれ（twist）があり，反りの主なものには幅反り（cup），縦反り（bow），曲がり（crook）がある（図 3.1-7）．

成長応力や乾燥応力以外に，樹木の旋回成長に起因する組織構造がくるいを生じさせることもある．仮道管や道管（2.2.1 項）といった木材の軸方向要素は樹軸に対して一定方向に配列しており，この配列状態を木理（または木目）と呼ぶ．軸方向要素が鉛直方向と一致していることは少なく，大抵は樹軸方向に対して角度を持ちながら螺旋状に配置している．これは樹木がねじれながら成長（旋回成長）しているためである．この軸方向要素の旋回角度は樹種によって異なり，同一樹種でも個体間によって異なる．そして個体内においても年輪や地上高によって異なる．木理の旋回角度はスギで小さく，カラマツで大きい傾向を示す．旋回角度が大きい個体は製材した後も，材軸に対してねじれを生じることがある．

［注］以前までは bow は弓反り，crook は縦反りと呼んでいたが，現在では bow は縦反り，crook は曲がりと呼ぶ．

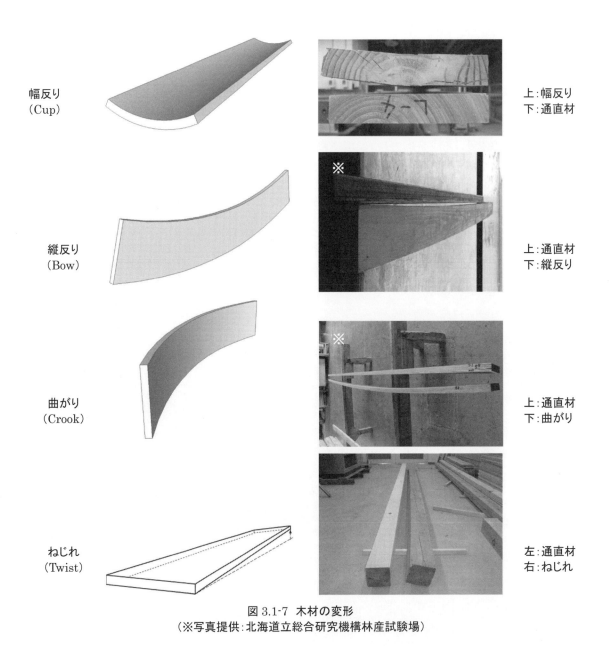

図 3.1-7 木材の変形
(※写真提供:北海道立総合研究機構林産試験場)

(3) 目切れ(cross grain, sloping grain)

　木材の繊維方向が材縁部分で切れ,材縁部に対して繊維方向が傾斜しているところを目切れという.特に節周辺では繊維が乱れているので,材縁に近い所に節があると目切れが生じやすい(図 3.1-3).

4) 力学的性能へ及ぼす諸因子 [1], [3]-[5], [9]-[12]

(1) 年輪幅

年輪幅が狭くなると針葉樹では 1 年輪に占める晩材の割合(晩材率)が増え,年輪幅が広いものよりも密度が高くなる.一般に,密度が高いほどヤング係数や強度は大きくなる傾向がある.しかし,ヤング係数や強度は,年輪中心からの距離や節など木材組織の影響を強く受けるため,年輪幅が狭いほど大きな値を示すとは限らない.また,樹木は高齢になると細胞の分裂活動が衰えて樹皮付近に狭い年輪幅が形成されることがある.このような箇所の材は starved wood と呼ばれ,その強度は低い.

(2) 心材と辺材

髄に近い領域は未成熟材のため他の領域よりもヤング係数は低いが,成熟材であれば心材と辺材の間に力学的性能の違いは通常はみられない.ただし生物劣化に抵抗する抽出成分は辺材よりも心材の方に多く含まれるため,腐朽やシロアリに対する抵抗性は辺材よりも心材の方が高い.心材中の抽出成分の含有率は,心材の最も外側部分が高く,髄へ向かって低くなる.

(3) 繊維方向と放射方向と接線方向

木材には強い異方性があり,加力方向別のヤング係数の比率は,およそ

$$繊維方向(L) : 放射方向(R) : 接線方向(T) = 20 : 2 : 1$$

となる.せん断弾性係数(G)は,

$$G_{LR} \geqq G_{TL} > G_{RT}$$

となり,各方向の比率は樹種によって異なる.圧縮強度と引張強度の方向別の比率はヤング係数の比率と概ね近い.せん断強度の大きさはせん断応力が作用する方向によって異なり,その順番は,

[せん断応力が木口面に平行に作用するとき]

> [板目面や柾目面に対して繊維方向に作用するとき]

> [板目面や柾目面に対して繊維直交方向に作用するとき]

となる.

(4) 未成熟材と成熟材

ヤング係数は未成熟材の髄に近いところが一番小さく,髄から離れるほど大きくなり,成熟材に入るとほぼ安定する.しかし,せん断弾性係数はこれと逆の傾向を示す [3].強度は一般的にヤング係数と同じような傾向を示すが,樹種によっては未成熟材の方が成熟材よりも高い強度を示す場合がある.例えばスギ材のように,未成熟材の方が成熟材よりも大きな最大曲げたわみを示し,曲げ破壊するまで荷重が増加する場合には,未成熟材の曲げ強度が成熟材より大きくなることがある.

(5) 節と目切れ

木材中の節の位置や大きさによって木材の強度が受ける影響は異なる.節の影響は圧縮強度よりも引張強度の方が大きい.また節周辺では繊維の方向が通直でなく乱れるため,この繊維の乱れが木材の強度に影響する.曲げを受ける木材の引張側に節があることで目切れが生じるときは,目切れによって曲げ強度は低下することがある.

木材強度にとって節や目切れは欠点として働くことが多い.ただし節の密度は正常組織の密度よりも高いため,接合部が圧縮力を受ける側に節があるときは接合部の耐力が高くなる場合もある.

(6) あて材

圧縮あて材は繊維方向の全収縮率が正常材よりも大きいため,圧縮あて材と正常材を含む軸組材や板材は反りやねじれが生じやすい.圧縮あて材の密度や圧縮強度は正常材よりも大きいが,引張強度やヤング係数は小さい.引張あて材の引張強度は正常材よりも大きいが,圧縮強度は小さい.

(7) もめ

曲げを受ける材の引張側にもめがあるときや，もめを含む木材が衝撃力を受けるとき，その強度は正常材よりも小さくなる．

(8) 入り皮

入り皮周辺は繊維が乱れており，入り皮部分は幹の繊維と連続していないため，この部分が破壊の原因となることがある．

(9) 割れ

割れの影響は作用する力の種類や割れの種類によって異なる．木部の連続性が部分的に断たれる表面割れにおいては，割れが増加しても縦圧縮強度，曲げ強度，接合部耐力に低下はみられない[5]．木部の連続性が大きく断たれる目回りや貫通割れにおいては，強度低下の原因となることがある．

3.1.2 外力を受ける木材の変形と破壊

1) 縦圧縮

荷重方向と木材の繊維方向が平行になるように圧縮した場合を縦圧縮と呼び，ASTM D143[13]では，圧縮力を受ける木材の破壊形態は次の 6 つの型に分類している（図 3.1-8）[1]．

(1) 圧座型（crushing）

繊維方向と直交した面に破壊が生じる．

(2) 楔状き裂型（wedge split）

せん断型破壊とき裂によって楔状の破壊が生じる．

(3) せん断型（shearing）

繊維方向と傾斜した面に破壊が生じる．

(4) 割裂型（splitting）

繊維方向に沿って割裂破壊する．非常に乾燥した木材で生じることがある．

(5) 繊維方向の圧縮とせん断の複合型（compression and shearing parallel to grain）

交走木理を持つ木材に生じやすい．

(6) ほうき状横倒し型（brooming or end-rolling）

木材端部が横方向に倒されるような変形が生じる．加力方向と樹軸間に角度がある場合や木材端部に生じる応力が荷重面積内で不均等になるとき，この破壊形態が生じやすくなる．この時の木材の強度は，(1)〜(5)の破壊形態を示す木材よりも低くなる傾向がある．

 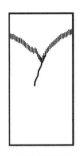  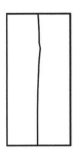 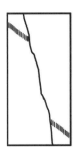 

圧座型 (Crushing)　楔状き裂型 (Wedge split)　せん断型 (Shearing)　割裂型 (Splitting)　繊維方向の圧縮とせん断の複合型 (Compression and shearing parallel to grain)　ほうき状横倒し型 (Brooming or end-rolling)

図 3.1-8　圧縮力を受ける木材の破壊形態

樹種:トドマツ　樹種:Benuas　樹種:Benuas　樹種:Tumih　樹種:Benuas　樹種:トドマツ

圧座型　楔状き裂型　せん断型　割裂型　繊維方向の圧縮とせん断の複合型　ほうき状横倒し型

図 3.1-9　小試験体の圧縮破壊形態

[例　105×105×250mm 寸法のヨーロッパトウヒ（ホワイトウッド）製材の圧縮試験]

実大材の破壊は欠点の影響を受けることが多い．欠点がない試験体（図 3.1-10 左）は圧座型破壊とき裂が生じている．大きな死節がある試験体（図 3.1-10 右）では，節周辺から圧座型破壊と割裂型破壊が生じている．

図 3.1-10　ヨーロッパトウヒ実大材の圧縮破壊形態

2) 横圧縮

荷重方向と木材の繊維方向が直交するように圧縮した場合を横圧縮と呼び，横圧縮力を受ける木材の破壊形態には次のような分類がある（図 3.1-11）[1),14)].

(1) すべり座屈（sliding of earlywood）

板目面や追柾面に加圧したとき，早材部に座屈が生じる．

(2) 曲げ座屈（bending buckling）

柾目面に加圧したとき，端面に座屈が生じる．

すべり座屈　　　　　　　　　　　　　　　曲げ座屈
（Sliding of early wood）　　　　　　　　（Bending buckling）

図 3.1-11　横圧縮力を受けるトドマツ小試験体の破壊形態

3) 引張

縦引張力を受ける木材の破壊形態には次のような分類がある（図 3.1-12）[1)].

(1) 平滑型

破壊面が平滑に近い．

(2) 鋸歯状型

破壊面が鋸歯状．

(3) 鋸歯状型と縦裂型の複合型

繊維方向に沿った割裂が生じ，破壊面は鋸歯状．

(4) 鋸歯状型と階段状縦裂型の複合型

繊維方向に沿って階段状の割裂が生じ，破壊面は鋸歯状．

(5) 平滑型と縦裂型の複合型

繊維方向に沿った割裂が生じ，破壊面は平滑に近い．

(6) 階段状縦裂型

繊維方向に沿って階段状の割裂が生じる．

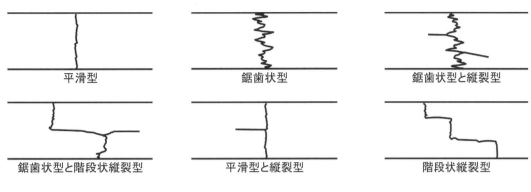

図 3.1-12 引張力を受ける木材の破壊形態

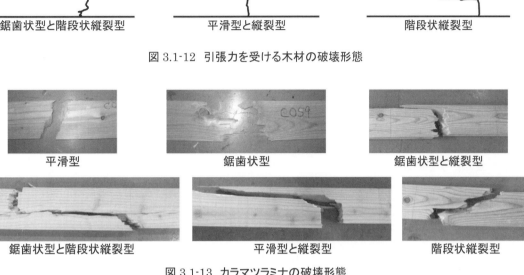

図 3.1-13 カラマツラミナの破壊形態
（写真提供：北海道立総合研究機構林産試験場）

［例　105×105mm 断面トドマツ製材の引張試験］
　大きな欠点がない試験体（図 3.1-15 左）は破壊形態が複合して現れ，ある一面では鋸歯状型と縦裂型破壊を生じ，他の面では階段状縦裂型破壊が生じている．節が集中してある試験体（図 3.1-15 右）では，節周辺で鋸歯状型破壊が生じている．

図 3.1-14 実大材の引張試験
（写真提供：北海道立総合研究機構林産試験場）

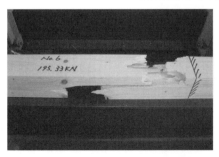 

図 3.1-15 トドマツ製材の破壊形態
（写真提供：北海道立総合研究機構林産試験場）

－26－　木質構造部材・接合部の変形と破壊

4)　曲げ

ASTM D143[13)]では，曲げを受ける木材の破壊形態は次の 6 つの型に分類している（図 3.1-16）[1)].

(1)　単純引張型（simple tension）

曲げによって生じた引張応力が木材の引張強度よりも大きくなると，引張側の繊維が破断する．繊維が通直で乾燥した木材に生じやすい．

(2)　圧縮型（compression）

曲げによって生じた圧縮応力が木材の圧縮強度よりも大きくなると，圧縮側にしわが生じる．

　　　［注］　圧縮型の破壊形態は“もめ”と似ているが，もめとは樹木が成長中に生じた圧縮破壊の呼称である．木材が外力を受けて生じた圧縮破壊は，“しわ（wrinkle）”，“圧縮破損”，“圧縮破壊線”などと呼ぶ．

(3)　交走木理型（cross-grain tension）

長軸に傾斜した破壊が引張側に生じる．目切れが引張応力側にあるときに生じることがある．

(4)　水平せん断型（horizontal shear）

断面寸法が一様な木材が曲げを受けるとき，断面内のせん断応力分布は材中央で最も大きくなる．生じるせん断応力が木材のせん断強度よりも大きくなるとこの破壊が起こり，スパンと材せいの比が大きい木材に生じやすい．

　　　［注］　水平せん断型では年輪に沿って割れが生じることがある．割れの形態は“目回り”と似ているが，目回りとは成長に伴って生じた割れの呼称であるため，木材が外力を受けて生じた破壊は“年輪界（年輪の外縁部）に沿った破壊”と呼ぶ．

(5)　そぎ割れ引張型（splintering tension）

引張側の破壊面が鋸歯状にささくれる．

(6)　脆性引張型（brash tension）

引張側の破壊面は平滑に近い形状．

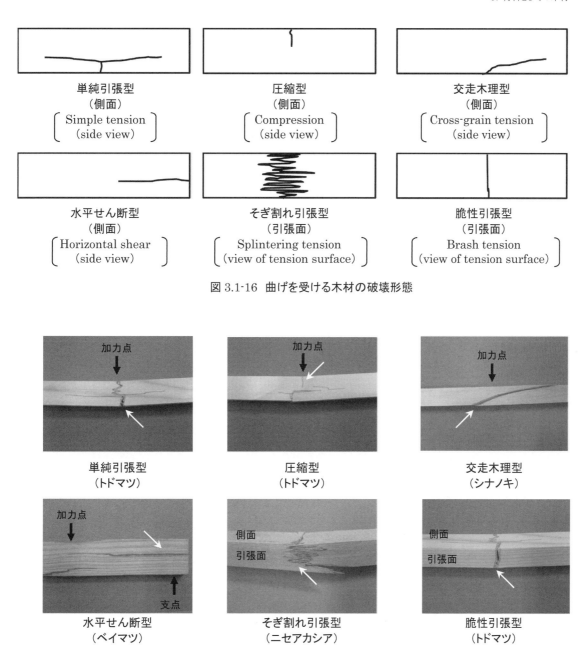

図 3.1-16 曲げを受ける木材の破壊形態

図 3.1-17 小試験体の曲げ破壊形態

[例 105×105mm 断面カラマツ製材の曲げ試験]

　図 3.1-18 より，側面には単純引張型破壊が見られ，破壊時には年輪界に沿って小片が剥離した．引張応力が作用する側には途中まで脆性引張型破壊が生じている．実大材ではいくつかの破壊形態が複合して現れることがある．

曲げ試験全景

側面

引張面

図 3.1-18 カラマツ実大材の曲げ試験と破壊形態

【参考・引用】

1) 渡辺治人：木材理学総論, 農林出版, 1978
2) 古野毅, 澤辺攻編：木材科学講座 2　組織と材質, 海青社, 1994
3) 岡野健, 祖父江信夫編：木材科学ハンドブック, 朝倉書店, 2006
4) 日本木材学会編：木質の構造, 文永堂出版, 2011
5) 秋田県立大学木材高度加工研究所編：コンサイス木材百科, 秋田文化出版, 2011
6) 日本木材学会木質材料部門委員会編：木材工学辞典, 工業出版, 1982
7) 大倉精二：樹幹における繊維回旋の現れ方, 信大農紀要(8), pp.59-100, 1958
8) 三上進：カラマツの材質育種に関する研究－旋回木理の遺伝的改良－, 林木育種場研究報告第 6 号, pp.47-152, 1988
9) 森林総合研究所監修：木材工業ハンドブック, 丸善, 2004
10) 日本木材学会編：木質の物理, 文永堂出版, 2007
11) 杉山英男：建築構造体系 22　木構造, 彰国社, 1971
12) 高橋徹, 中山義雄編：木材科学講座 3　物理, 海青社, 1992
13) ASTM International：ASTM D 143-94, Standard Test Methods for Small Clear Specimens of Timber, 2007
14) 山井良三郎：木材の応力－歪曲線(第 1 報)横圧縮応力－歪曲線(1), 林業試験場研究報告第 77 号, pp.103-152, 1955

3.2 木質材料

本節では，木質材料の強度試験やそれらを用いた構造物の強度性能試験において，その破壊に関与する因子のうち，製造工程に起因する項目を採りあげて概説する．項目としては，フィンガージョイント，直交層の挿入，わん曲集成加工を対象とする．

3.2.1 各種木質材料

木質材料の原料には，ひき板（ラミナ），単板（ベニア），削片（パーティクル），繊維（ファイバー）などが使われる（図 3.2-1）が，本項ではひき板と単板を原料とする木質材料について述べる．

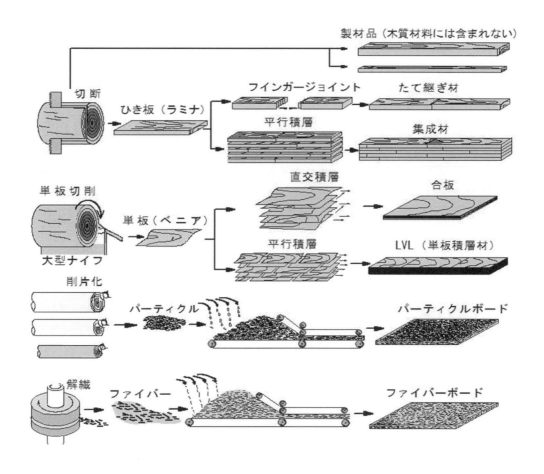

図 3.2-1 さまざまな木質材料[1]

1) ひき板を積層接着した木質材料

ひき板を積層接着した木質材料には，ひき板の繊維方向を平行に揃えて積層し接着した集成材と，ひき板の繊維方向を直交（交差）させながら積層し接着した直交集成板（CLT）がある．ひき板は原木丸太から製材され人工乾燥される．その後，曲げヤング係数による機械等級区分，あるいは欠点の大きさ等による目視等級区分が行われる．

同じ等級に区分されたひき板同士は，幅方向に幅はぎ接着したり，長さ方向にたて継ぎしたりすることで，製品の寸法に合わせたラミナに調整する．たて継ぎは，一般的にフィンガージョイント（以下，FJ）による．集成材の場合はラミナの繊維方向を平行にして厚さ方向に積層し，接着により一体化する．直交集成板の場合はラミナの繊維方向を平行に並べて層を構成し，その層の繊維方向を直交させながら厚さ方向に積層し，接着により一体化する．この様にして製造された集成材や直交集成板の各種強度試験において，その破壊に関与する因子としては元々の木材が持つ強度的な欠点に加えて，接着層，FJ 部などが加わることになる．

また，集成材は接着剤を塗布した薄いラミナを任意の曲率に曲げて積層接着することで，通常の製材品では製造が難しい円弧状の部材－いわゆる，わん曲集成材－を製造することができる．ただし，わん曲させることによる強度低下が生じることに留意する必要がある．

2) 単板を積層接着した木質材料

単板を積層接着した木質材料には，その繊維方向を平行に揃えて積層し接着した単板積層材（LVL）と繊維方向を直交（交差）させながら積層し接着した合板がある．なお，LVL については，面的使用することを想定して直交層を数層挿入した製品が開発されたことから，平成 24 年の単板積層材の日本農林規格の改正時に直交層を活用した製品仕様の範囲を拡大するとともに，従来の製品仕様を A 種，新しい製品仕様を B 種と表示することになった．

原料である単板は原木からロータリーレースにより剥かれ人工乾燥される．単板は，木材の欠点の程度により区分される．最近では，これに加えて製品の曲げヤング係数を管理する目的で超音波伝播時間による区分が補助的に使用されている．

3.2.2 フィンガージョイント

1) 製造

ひき板の両木口端面に高速回転するカッターによりフィンガー形状の切削加工を施す．加工面に接着剤を塗布した後，長さ方向に数秒間圧力を加えて圧入し，圧力を解放して取り出したラミナは接着剤が硬化するまでの間静置し養生する．接着層における必要圧縮圧力は嵌合により保持される（くさび効果）ため，長さ方向の圧力を短時間で解放したとしても安定した接着性能が得られる．

フィンガーの形状は，スカーフ傾斜比（θ），ピッチ（p），フィンガー先端厚（t_1），フィンガー底部幅（t_2），嵌合度（$t_1 - t_2$），フィンガー長さ（ℓ）で示される．

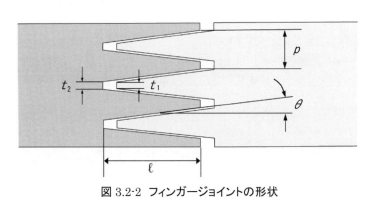

図 3.2-2 フィンガージョイントの形状

2) 破壊の概要

スカーフ傾斜比（θ）を大きくすると，接着面積が小さくなるとともに接着が木口接着に近づくため接着強度も小さくなり，たて継ぎ強度が期待できなくなる（図 3.2-3 下）．一方，スカーフ傾斜比を小さくするとフィンガー長さ（ℓ）は長くなり接着面積や接着強さは大きくなるが，切削時の加工精度が出なくなるため適切な数値とする必要がある．また，ピッチ（p）に対するフィンガー底部幅（t_2）の比は断面欠損の大きさを示すことになるが，この比が大きくなるとフィンガー底部をつなぐ木材部の破壊が生じやすくなる（図 3.2-3 上）．

FJ ラミナの曲げあるいは引張試験において FJ 部で破壊が生じた場合には，スカーフ部の接着せん断耐力と，フィンガー底部を除いた木部の引張耐力の，いずれか小さい方が破壊を決定することが多い．なお，FJ 部の強度は，無欠点小試験体の木材のそれと比べると低いが，欠点のある実大サイズの木材と比べるとその強度差は小さくなり，強度的な欠点部分を除去したラミナ同士を FJ することで強度的に安定させることも可能である．ただし，その場合，破壊は FJ 部で生じる確率が高くなる．

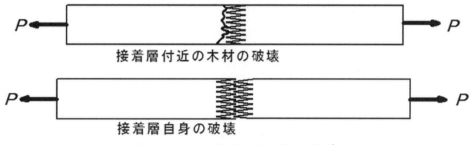

図 3.2-3 フィンガージョイント部の破壊 [1]

　FJ ラミナの曲げ試験時の荷重変形曲線を図 3.2-4 に示す．弾性変形域から塑性変形域へ移行すると間もなくして破断が生じる．最大荷重に対する比例限度荷重の比は，一般的な製材ではおよそ 2/3 と言われているが，FJ ラミナのそれは製材よりも大きく，弾性変形中に破断する場合もある．

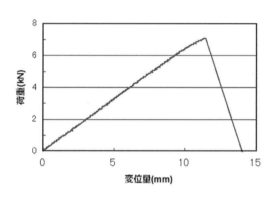

図 3.2-4 FJ ラミナの曲げ荷重変位曲線

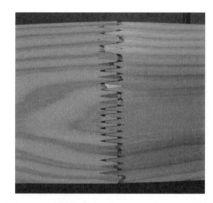

図 3.2-5 曲げ破壊した FJ ラミナの引張側

　FJ ラミナを用いた CLT の縦圧縮試験時の荷重変形曲線を図 3.2-6 に示す．比例限度荷重を過ぎた後 FJ 部や節を起点とする圧座型やせん断型の破壊が徐々に生じるようになり（図 3.2-7），破壊箇所の増加と破壊の伸展が進行して最大荷重に達した後，徐々に荷重が減少する．最大荷重に対する比例限度荷重の比はおおよそ 2/3 で，通常の構造用製材等と同様である．

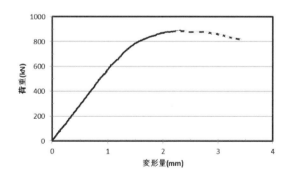

図 3.2-6 CLT の縦圧縮荷重変形曲線
（実線：最大荷重までの変形，点線：最大荷重以降の変形）

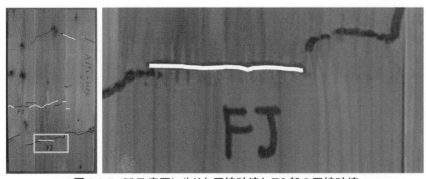

図 3.2-7 CLT 表面に生じた圧縮破壊と FJ 部の圧縮破壊
（白線：最大荷重までに生じた破壊，黒線：最大荷重以降に生じた破壊）

3.2.3 直交層の挿入

直交集成板（CLT）は，ラミナ（ひき板）を並べて 1 層とし，これを繊維方向を直交（交差）させながら積層し接着した材料である．繊維方向が表層ラミナのそれと同じ層を平行層，これに交差する層を直交層と呼ぶ．単板積層材（LVL）においても直交層を挿入する場合があり，パネルとして利用する場合にあっては面内の寸法安定性の向上[3]，また，梁桁材として使用する場合にあっては接合部の支圧性能の靭性向上[4]などが期待される．

CLT はラミナを二方向に交差させて積層するため，その力学的挙動はラミナの異方性の影響を大きく受け，かつ複雑になる．ここに，スギの弾性係数の異方性に関して測定例を図 3.2-8 に示す[2]．CLT の断面内の力学的挙動に関わる弾性係数を図 3.2-9 に示す．

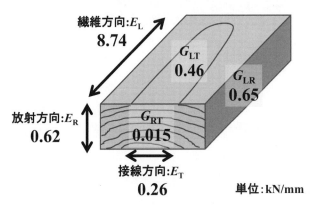

図 3.2-8 スギの弾性係数の異方性

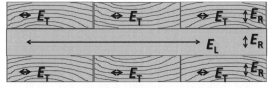

図 3.2-9 CLT 断面の弾性係数
（上段：ヤング係数，下段：せん断弾性係数）

1） CLT の層内せん断

CLT において，この直交層の存在が最も顕著に影響するのが面外方向にせん断力を受けた際に層内に生じるせん断挙動である．図 3.2-10 に，中央集中荷重方式の短スパン曲げ試験により層内せん断性能を測定した際の破壊性状，図 3.2-11 に荷重変形曲線を示す．荷重が増加し，小さなせん断破壊が生じると荷重と中央変位の間に見られた直線関係がなくなり塑性変形をするようになる．その後，せん断破壊を繰り返しながら荷重が徐々に上昇し，最終的な破断に至る．ただし，この際の最終破断は曲げ破壊であった．この試験方法で層内せん断強度を評価するには，せん断破壊荷重の決定方法の定義を明確にする必要がある．なお，この中央におけるたわみの変化は，曲げ変形，せん断変形，支点のめり込みに分けられる（図 3.2-12）．

3. 材料としての木材 −33−

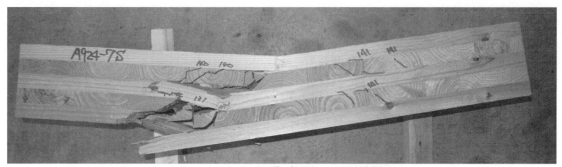

図 3.2-10 短スパン曲げ試験による破壊性状

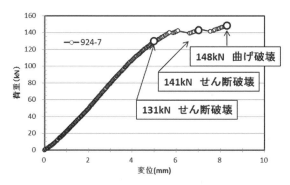

図 3.2-11 短スパン曲げ試験における荷重変位曲線

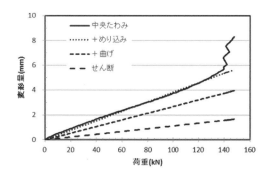

図 3.2-12 中央たわみの内訳

2) 直交層を挿入した単板積層材の面内曲げ

直交層がないもの(Type A)とあるもの(Type B)とで面内方向の曲げ試験を行った際の荷重変位曲線と最終破断形態を図 3.2-13 に示す[5]. 最大耐力や剛性については, 荷重伝達の効果が低い層, すなわち直交層の量が増えると低下するが, その低下量は推定可能である. 一方, 最大荷重に達した後の破断形態は, Type A では梁の引張側最外縁において繊維がその直交方向に断ち切られ, 引張破断した後は破断面が繊維に沿って伸展しているように見えるのに対し, Type B では梁の引張側最外縁で生じた引張破断が圧縮側最外縁まで直線的に伸展したように見える. このことは, 直交層の存在が破断の伸展に影響を与えうることを示唆している.

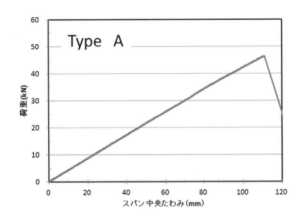
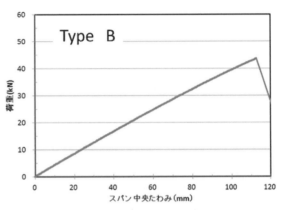

図 3.2-13 LVL の曲げ試験における破壊の様子(左:直交層なし(Type A), 右:直交層あり(Type B))

3.2.4 わん曲集成加工

1) 製造

わん曲集成材は受注生産を基本としており,通直集成材を用いたフレーム構造が主流となった昨今においては,わん曲集成材を用いた構造物が建てられることは少なくなったが,曲線美がもたらす独特の空間に対する需要は少なくない.

わん曲集成材の強度特性と破壊形態は,製造過程およびその形状から,通直集成材のそれとは大きく異なるため,十分な配慮が必要である.わん曲集成材の製造の様子を図 3.2-14 に示す.あらかじめ床に所定の曲率で固定した型枠に沿って接着剤を塗布したラミナを並べ,中央から両側に向かって順次締め付けることで,所定の円弧に仕上げる.この製造工程からわかるように,個々のラミナをたわませながら積層し接着するため,個々のラミナには初期段階から応力が生じている.したがって,わん曲集成材については,このことを考慮して設計することが望ましい.

図 3.2-14 わん曲集成材の製造
（写真提供：協同組合オホーツクウッドピア）

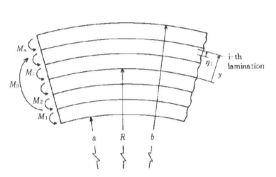

図 3.2-15 曲げ応力発生の模式図 [6]

2) 強度性能

わん曲集成材の許容曲げ応力は,この製造時の応力を考慮したものとしなくてはならない.この応力は曲率半径が小さくなる方向に曲げられるときに不利に働くことから,わん曲集成材の曲げ強度低減係数(k)は曲率半径(R)とラミナ厚(t)をパラメータとして,次の式が用いられている.

$$k = 1 - 2000(t/R)^2 \quad \text{..式 3.2-1}$$

わん曲集成材の開く方向(曲率半径が大きくなる方向)の破壊性状は,閉じる方向(曲率半径が小さくなる方向)とは大きく異なることに注意をしなくてはならない.開く方向にわん曲集成材を変形させる場合には,その形状から,材せい方向にも応力が発生する(半径方向応力).わん曲部に発生する半径方向応力(σ_R)は曲げモーメント(M),曲率半径(ρ),わん曲材幅(b),わん曲材梁せい(h)をパラメータとして,次式で表される.

$$\sigma_R = \frac{3M}{2\rho bh} (\text{N/mm}^2) \quad \text{..式 3.2-2}$$

ここで,円弧が開く方向に変形する際には,曲げ破壊することなく,内層の横引張応力で破壊に至る.

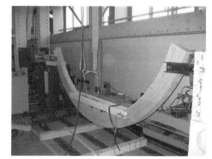  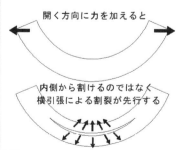

図 3.2-16 わん曲集成材の試験風景とその破壊形態
（写真提供：北海道立総合研究機構林産試験場）

木材の横引張強度は実験の困難さから実大での実測データは限定的である．このため木規準では，「米国および我が国の樹種の無欠点材の JIS 標準試験の結果を参考にして，引張りのσ_Rを許容せん断応力度の 1/3 以下，圧縮のσ_Rを繊維直交方向の許容圧縮応力度以下に抑える」とされている．

繊維直交方向の引張強度，すなわち横引張応力に関する実験例[7]を示す（図 3.2-17）．試験にあたっては，曲げ変形が発生しないように引張らなければならない．対称異等級構成のカラマツ集成材（E105-F300）では，中央部のヤング係数の低いラミナが先行破壊する傾向にあった（図 3.2-18）．年輪に沿って破壊したものは，比較的強度が低かった．

 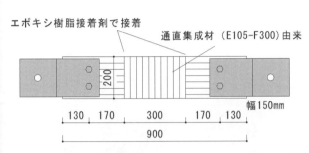

図 3.2-17 横引張試験
（写真提供：北海道立総合研究機構林産試験場）

 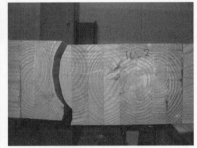 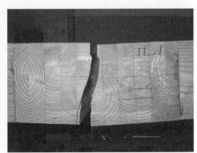

鋸状割れ　　　　　　　　年輪に沿った割れ　　　　　　旋回木理に沿った割れ

図 3.2-18 横引張における破壊形態
（写真提供：北海道立総合研究機構林産試験場）

【参考・引用】
1) 林知行：プロでも意外に知らない＜木の知識＞，学芸出版社，2012.9
2) 山井良三郎：木材の圧縮異方性に関する研究，林業試験場究報告，第 113，pp.57-112，1959
3) 李元羽，大橋義徳，宮内輝久，藤田和彦，宮武敦：直交単板を用いた単板積層材の性能その 2 寸法安定性能，日本建築学会大会学術講演梗概集，構造Ⅲ，pp.21-22，2010
4) 成田敏基，李元羽，中島史郎，栗山真哉：直交単板を用いた単板積層材の性能その 6 支圧性能，日本建築学会大会学術講演梗概集，構造Ⅲ，pp.357-358，2014
5) 宮武敦，成田敏基，李元羽，藤田和彦，中島史郎：直交単板を用いた単板積層材の性能その 4 二次接着が曲げ性能に与える影響，日本建築学会大会学術講演梗概集，構造Ⅲ，2011
6) 佐々木康寿，都築一雄，足立清和：残留応力を考慮したわん曲集成材の応力解析（第 1 報），木材学会誌 37(7)，pp.661-667，1991
7) 野田康信，丹所俊博：わん曲集成材における半径方向応力の実験的考察，第 58 回日本木材学会大会研究発表要旨集（完全版），CD-ROM，2008
8) 野口弘行，越田庸夫：木材の横引張強度に関する研究（その 1），日本建築学会学術講演梗概集，C 構造Ⅱ，pp.15-16，1991

3.3 木材の強度異方性

3.3.1 等方性と異方性

建築用の構造材料として主要なものは、鋼材、コンクリート、木材である。鋼材は、等方性の優れた材料であり、コンクリートと木材は異方性の材料である。等方性とは、材料の特性が方向毎に違いがないことを意味し、異方性とは方向により違いがあるということを意味する。具体的には図 3.3-1 のように、ある板を荷重 P で X 方向に引っ張った場合と Y 方向に引っ張った場合、それぞれの場合の伸び量を δ_1, δ_2 とする。δ_1, δ_2 が同じであるものが等方性材料であり、異なるものを異方性材料と呼ぶ。

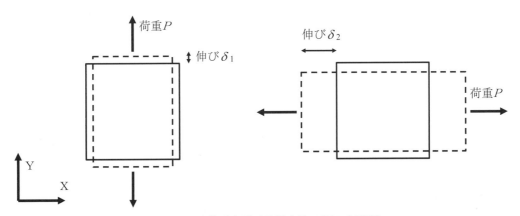

図 3.3-1 荷重を受ける異方性の板の変形例

多くの文献 [1-4] で示されているように、実際の木材では、繊維方向(L 方向)、年輪の半径方向(R 方向)、年輪の接線方向(T 方向)という 3 つの方向で表現される。これらの 3 方向で、強度、剛性、収縮、膨張などの材料特性が異なるため、3 方向で材料特性が異なる異方性材料としてとらえる必要がある。木材にこのような異方性が存在するのは、2.2.1 項で示すように、木部の細胞の構造が影響しているためである。また、図 3.3-2 に示すように、その配置と様相から板目面、柾目面、木口面と呼ぶ場合や、LT 面、LR 面、RT 面と呼ぶ場合がある。なお木材の異方性は、樹種ごとに異なった組織構造をもつことから、異方性の程度も樹種ごとに異なっていることにも注意が必要である。

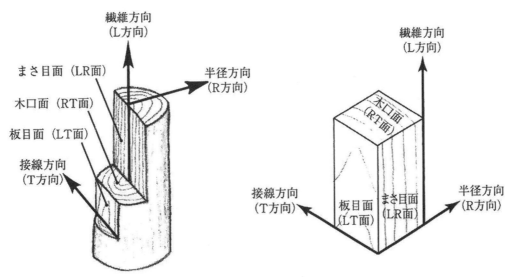

図 3.3-2 木材の方向と材面の呼び方 [3]

3.3.2 木材における強度異方性

1) 身近なもので体験する強度異方性

　木材の異方性を直感的に理解するために，ストリングチーズを例に挙げる．ストリングチーズは，モッツアレラチーズを温めて引き伸ばし，折り返すことを繰り返すことで形作られた棒状のチーズ加工品である．このチーズを，まず，図 3.3-3 のように引き伸ばす方向に引っ張ってみると，強い力でもなかなか引きちぎることは難しい．次に，図 3.3-4 のように引き伸ばした方向と直交する方向の力を加えてみると，小さな力でチーズを簡単に裂くことができる．

　この違いは，繊維の束のように加工され形作られたチーズの構造に秘密がある．引っ張る場合は，繊維が束になっているものを引っ張っている状態であり，それぞれの繊維が引っ張る力に抵抗する．一方，割く方向に力が働く場合は，張り付いた繊維同士をはがすような状態であり，小さな力でも割くことができる．このような抵抗機構の違いが，強度の異方性として現れている．これは木材の構造と似ており，このように木材の異方性を体験することができる．

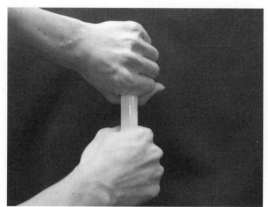

図 3.3-3　チーズを引っ張る

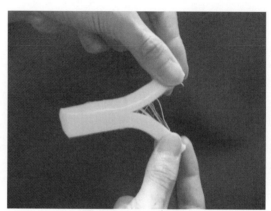

図 3.3-4　チーズを裂く

2) 曲げ試験で体感する強度異方性

　次に，実際の曲げ試験における状況を見てみる．図 3.3-5 に示すように 2 点支持，2 点加力で曲げ試験を行い，その強度と剛性を測定する．図 3.3-6 は繊維方向が加力方向に対して直交する通常の曲げ試験の破壊の状況である．図 3.3-7 は，繊維方向を 90 度回転させた場合の曲げ試験[5]の状況，図 3.3-8 は，その試験における破壊の状況の一例である．

　図 3.3-5 のような曲げ試験では，加力点中央部近傍より割れはじめ，最終的には繊維方向に割れが進む．破壊して現れた面には，木材繊維が毛羽立っている．一方，繊維方向を 90 度回転させた場合の曲げ試験では，図 3.3-8 に示すようにほとんど毛羽立つことなく，割れていることが分かる．前者では，曲げモーメントにより，試験体の底面が繊維を引っ張るような応力状態となっており，後者では繊維を裂くような応力状態となっている．このように異方性により，破壊性状にも違いが生じる．ここでは，異方性を理解するために曲げ試験を取り上げたが，図 3.3-7 のように材軸方向と繊維直交方向が一致するような使い方は実際の構造物では避けるべきである．

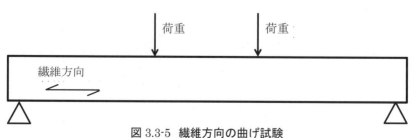

図 3.3-5　繊維方向の曲げ試験

図 3.3-6 曲げ試験における破壊の状況

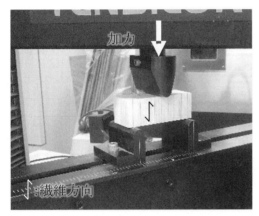

図 3.3-7 繊維方向を変えた曲げ試験 5)

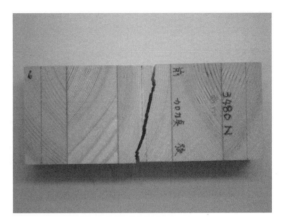

図 3.3-8 破壊の状況

木材の異方性を具体的に理解するためには，ヤング係数（E），強度（F），収縮率（α）の数値に着目するとわかりやすい．強度・ヤング係数の各数値は，先に説明したように，樹種ごとで異なるが，針葉樹における L 方向に対する各方向の数値の比率の例を示す [6), 7)]．

$E_R = 0.075\, E_L$　　　$E_T = 0.042\, E_L$

$F_R = 0.068 F_L$　　　$F_T = 0.045\, F_L$ .... 式 3.3-1

R 方向と T 方向の強度とヤング係数は，L 方向と比べると，その 10%以下と非常に小さい．各方向の大小関係に着目すると，強度・ヤング係数では，

L 方向 ＞ R 方向 ＞ T 方向

収縮率（α）の違いを比率で表すと $\alpha_T : \alpha_R : \alpha_L = 10:5:0.1\sim0.2$ であり，

L 方向 ＜ R 方向 ＜ T 方向

となっている．この大小関係はほとんどの樹種で同じである．水分による収縮のしやすさと，変形のしにくさの指標であるヤング係数とは，逆の関係になっていることがわかる．

3.3.3 木質構造設計規準における強度異方性

木材は3方向で強度異方性があることを述べたが，木規準[8]では，繊維方向と繊維直交方向の2種類に分けている．樹心を断面内に持つ梁の木口面を見れば分かるように，半径方向（R方向）と接線方向（T方向）は，一つの部材断面の中で混在していることが一般的であるため，明確にその性能を使い分けることは難しい．そのため，R方向とT方向をまとめて繊維直交方向として扱っている．

1) 強度と剛性に関する設計値

木規準の巻末の設計資料として，構造用木材の強度と剛性が示されている．ここで示されている圧縮強度 F_c，引張強度 F_t，曲げ強度 F_b，せん断強度 F_s は平12建告1452号，めり込み強度 F_{cv} は平13国交告1024号，ヤング係数 E は繊維方向に対するものであり JAS 規格[9]のものである．せん断弾性係数 G については E の 1/15 としている．この他に設計上重要なものとして，支圧強度 F_e，めりこみ剛性 k などがある．

ここで挙げた強度と剛性が建物の計算で用いられている箇所を図 3.3-9 に模式的に示し，それらの値の例を表 3.3-1 に示す．柱，梁などの主要な部材の設計には，圧縮強度 F_c，引張強度 F_t，曲げ強度 F_b，ヤング係数 E を用いるが，これらは全て繊維方向に関する値を用いる場合が多い．一方，接合部や土台では繊維直交方向に力が作用することは避けることができないため，設計する際に異方性を考慮することが重要となる．例えば柱-梁接合部のような部材が交わる点では，どちらかの部材に必ず繊維直交方向の力が作用するため，繊維直交方向の設計値が必要となる．その場合，支圧強度 F_e，剛性係数 k_j を用いることが多い．ここで，剛性係数とは基準剛性係数（k_{j0}）に含水率影響係数（$_jK_m$）を乗じたものである．基準剛性係数は，木規準では実験，理論または解析等により求めるとしているが，この際，木材のめり込み剛性 k を考慮する必要がある．すなわち，繊維方向加力のものを k_0，繊維直交方向加力のものを k_{90} として，力が作用する方向に応じた値を設計に用いる．せん断強度 F_s は，柱，梁の部材でも，接合部でも用いる．

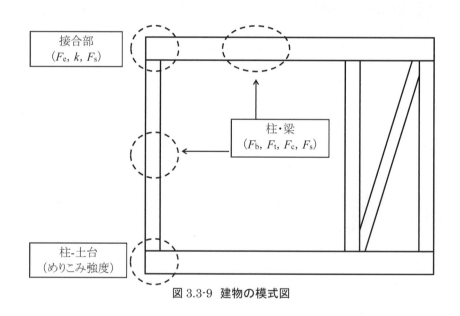

図 3.3-9 建物の模式図

表 3.3-1 材料の強度性能の例（スギ，JAS 目視等級区分製材甲種1級）[8]

構造部位			強度 (N/mm²)	剛性に係る数値
部材	柱，梁など		$F_b = 27.0$ $F_t = 16.2$ $F_c = 21.6$ $F_s = 1.8$	$E_0 = 7.0$ $G = E_0 / 15$ (kN/mm²)
接合部	柱・梁	繊維方向	$F_e = 19.4$	$k_0 = E_0 / (31.6 + 10.9\,d)$ (N/mm³)
		繊維直交方向	$F_e = 9.7$	$k_{90} = k_0 / 3.4$ (N/mm³)
	柱-土台	めり込み （部分圧縮，材中間部）	$F_e = 6.0$	$E_{90} = E_0 / 50$

d: ドリフトピン径

3.3.4 接合部の設計

1) 接合部試験における耐力

木質構造における接合部には，ボルト・ドリフトピン・ラグスクリュー・くぎ・木ねじなどの鋼製の接合具を用いた接合部，伝統的構法を応用した嵌合による接合部などがある．このような接合部の設計をする際には，異方性の影響に特に注意が必要である．接合部の種類の詳細は 4 章で述べるが，ここではボルト接合部を例に，接合具を用いた接合部における木材の異方性の影響について述べる．

接合具を用いた接合部の場合，特に以下の点に注意が必要となる．
1) 繊維直交方向に対する強度が低い．
2) 部材厚さ l と接合具の径 d の比率（l/d）を変化させると降伏モードが変化し，設計耐力が変化する．
3) 接合具の配置に関して，端距離（e_2），縁距離（e_1），相互距離（s）といった接合具の径を基準とした寸法の規定が木規準にある．また規定の範囲内で，これらの寸法を変化させると破壊モードが変化し，設計耐力が変化する．

図 3.3-10，図 3.3-11 にボルト接合部における破壊形態の例[10]を示す．径長比が小さい場合に(a)木材の支圧めり込み降伏が，径長比が大きい場合には(b)接合具の曲げ降伏が，端距離が不足する場合は(c)木材の押し抜きせん断破壊が，縁距離が不足する場合は(d)木材の引張り破壊が生じる．これらの破壊形態に対応した耐力の計算方法としては，ヨーロッパ型降伏理論を用いて計算されることが多く，木規準においても，接合部の設計用耐力の計算に同理論に基づいた降伏耐力の導出が採用されている[8]．

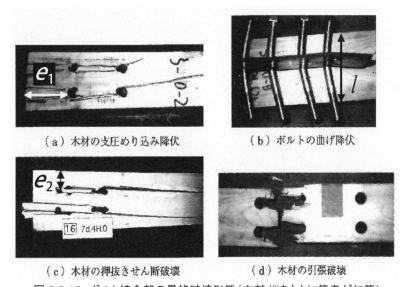

図 3.3-10 ボルト接合部の最終破壊形態（文献[10]をもとに筆者が加筆）

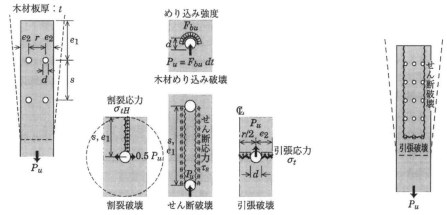

図 3.3-11 ボルト接合部における木材の破壊形態[10]

このような鋼製の接合具を用いた接合部の耐力を計算する場合，ヨーロッパ型降伏理論（European Yield Theory）を用いることが多い．しかし，降伏耐力を超えたところにある終局耐力を求めようとする場合は，この理

論では計算することができない．この理論は材料力学に基づいており，破壊力学で取り扱う割裂現象を直接計算することが難しいためである．このため，2006年に改訂された木規準では，そのような割裂破壊における耐力を推定するための式が追加されており，次節の破壊力学をベースとしている．

2) 破壊力学の概要

ここでは破壊力学の概要を説明する．破壊力学の使い方を理解するためには，材料力学と比較して考えるとわかりやすい．材料力学では，応力度が降伏応力度 σ_y に達した時に材料が降伏し，強度 F に達した時に破断すると考え，破壊力学では応力拡大係数 K が破壊靭性値 K_C に達した時に材料が破断すると考える．破壊力学において破壊が発生する条件は応力拡大係数だけではなくエネルギー解放率（G）などがある．それら力学的環境のパラメータの例を表 3.3-2 に示す．

表 3.3-2 力学的環境のパラメータ例 [11]

	対象とする現象の例	力学的環境のパラメータ	現象の起きる条件式	材料強度のパラメータ
材料力学	降伏	σ または ε	$\sigma = \sigma_{ys}$	降伏点 σ_{ys}
	最大負荷容量		$\sigma = \sigma_B$	引張り強さ σ_B
	疲労寿命 N_C		$N_C = f(\sigma_0)$	（SN曲線）
線形破壊力学	脆性破壊	K または G	$K = K_C$ または $G = G_C$	破壊靭性 K_C または G_C
	疲労によるクラック進展速度		$\dfrac{da}{dN} = f(\varDelta K)$	クラック進展速度

破壊力学では，き裂の変形様式によって図 3.3-12 に示すように 3 つの破壊様式を想定している．開口形のものをモードⅠ，面内せん断形をモードⅡ，面外せん断形のものをモードⅢと呼び，例えば，モードⅠに対する破壊靭性値を K_{IC} と表記する．破壊力学を木材に適用する場合，材料にも繊維方向（L），半径方向（R），接線方向（T）と 3 つの方向性があるため，それぞれを考慮する必要がある [12]．よって，図 3.3-13 のように 6 つの破壊の方向性に対する呼び方が存在し，それぞれに対してモードⅠ，Ⅱ，Ⅲが存在することとなる．

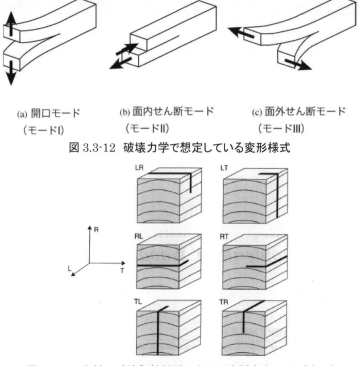

(a) 開口モード (モードⅠ)　(b) 面内せん断モード (モードⅡ)　(c) 面外せん断モード (モードⅢ)

図 3.3-12 破壊力学で想定している変形様式

図 3.3-13 木材の破壊靭性試験におけるき裂方向の呼び方 [12]

破壊靱性値を求める方法はいくつかあるが，図 3.3-14 に示すようなあらかじめ，き裂を有する材の実験から求めることができる．図 3.3-14 に示すような引張力を受ける板において，き裂先端の応力は図 3.3-15 のようになり，応力が部分的に集中している．

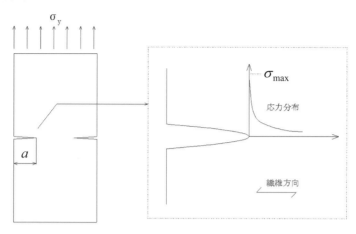

図 3.3-14　き裂を有する引張材　　　　図 3.3-15　き裂先端の応力分布

このような応力分布に関しては，応力集中の現象として，材料力学を応用した手法で考えることができ，式 3.3-2 を用いて強度の計算をすることができる．

$$\sigma_{max} = \left(1 + 2\sqrt{\frac{a}{\rho}}\right)\sigma_y \quad \text{式 3.3-2}$$

ここで，a：き裂長さ，ρ：き裂の曲率半径

ただし，材料力学では，式 3.3-2 に示すように，き裂の先端がある曲率半径 ρ を有する楕円形状であることを前提としている．したがって，鋭利なき裂である場合には，材料力学では解を求めることができない．例えば，鉄骨構造における溶接や，風力などの繰り返し荷重による疲労き裂，材料加工における内部き裂など，それらのき裂は不整形な形状となる可能性があり，そのような構造部位に対する安全性を検討する場合に，破壊力学は有効となる．

このとき，応力拡大係数は，式 3.3-3 を用いて算出することができる．

$$K_I = \sigma_y\sqrt{\pi a}F\left(\frac{a}{W}\right) \quad \text{式 3.3-3}$$

ここで，F：補正係数[11]，W：板の幅

この応力拡大係数で表される破壊靱性値は図 3.3-12 におけるモードⅠの破壊様式を想定したものであるが，このほかにも，破壊力学ではエネルギー解放率(G)，応力拡大係数(K)，J 積分(J)，破壊限界応力(σ_c：圧縮応力度ではないことに注意)などからも破壊靱性値を求めることができる．詳しくは，文献[11]を参照していただきたい．

3) 梁受け金物における破壊力学の例

梁に鉛直荷重が載荷されるようにして木材の繊維直交方向に荷重が作用した場合，図 3.3-16 に示すボルト等の接合具近傍(図中に斜線で示した部分)の繊維直交方向に引張の応力分布が予測される[13]．破壊靱性試験とボルト接合部において，応力の分布に類似性があることが分かる．このことから，破壊力学はボルト接合部が割裂する場合の耐力を推定することに有効であると考えられ，研究が進められて，現行の木規準において新たな式が示されている．

この接合部を模した実験の破壊状態を図 3.3-17 に示す．接合具のところから割れが発生し，それが繊維方向に伸びたものである．このような破壊形式が発生する要因の一つが，図 3.3-16 に示すような接合具近傍における繊維直交方向の引張応力である．

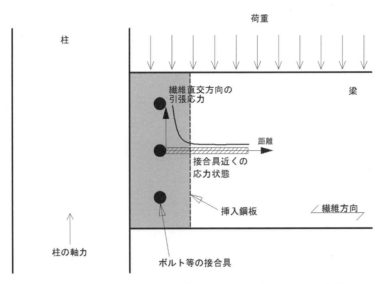

図 3.3-16 接合部における，ボルト等の接合具近くの応力状態

図 3.3-17 梁受け金物を用いた接合部における破壊状態

4) 割裂を考慮した設計式

木規準に追加された木材が割裂する時の荷重を推定する式は，割裂破壊定数(C_r)[8]が材料定数となる．木規準の設計式では，割裂破壊する場合の耐力とせん断破壊する場合の耐力の小さい方を終局せん断耐力と定めている．よって，最終的には式 3.3-4 のように表現されるが，繊維直交方向の割裂破壊を評価する式は式 3.3-5，せん断破壊を評価する式は式 3.3-6 となる．これらの式の構成を分かりやすく解説した書籍[14]があるため，詳しくはそちらを参照願いたい．

$$P_{uw} = \min(P_{uw1}, P_{uw2}) \quad \text{式 3.3-4}$$

$$P_{uw1} = 2C_r \cdot l \sqrt{\frac{h_e}{1-\frac{h_e}{h}}} \quad \text{式 3.3-5}$$

$$P_{uw2} = \frac{2}{3\sin\alpha} \xi \cdot h_e \cdot l \cdot F_s = \frac{4}{3} h_e \cdot l \cdot F_s \quad \text{式 3.3-6}$$

ここで，P_{uw}：割裂耐力[N]，P_{uw1}：割裂破壊による終局耐力[N]，P_{uw2}：せん断破壊による終局耐力[N]，C_r：破壊割裂定数[N/mm$^{1.5}$]，h_e：縁距離[mm]，h：材せい[mm]，l：主材厚[mm]，F_s：木材のせん断基準強度[N/mm^2]，ξ：せん断力比，α：荷重角度

このような割裂に関する問題は，現在でも研究が進められている．ここでの材料定数は割裂破壊定数であったが，その他にも破壊エネルギー（G_f）[15]が使われることもある．通常の接合部は割裂が先行しないように配慮して設計されているが，新しい接合部の開発や，伝統構法に用いられてきた接合部では避けられない現象であり，割裂を破壊条件の一つとして扱わなくてはならないことがある．スギやヒノキを対象とした G_f の計測データ[16]が拡充されることなどによって，応用範囲が広がることが期待される．

ここでは，繊維直交方向の割裂耐力式に関係する破壊形式を述べたが，図3.3-13に示したように木材はL，R，T の方向性を持っているため，加力の仕方によって様々な破壊形式を取りうる．木材の異方性，耐力式とそれが想定している破壊形態を併せて考えることが，安全な設計をするためには非常に重要なことである．書籍[14]や3.1節の内容を適宜活用してほしい．

【参考・引用】

1) 日本木材学会　編：木材の物理，文永堂出版，2007

2) 日本木材学会　編：木材の構造，文永堂出版，2002

3) 森林総合研究所　監修：改訂4版　木材工業ハンドブック，丸善，2010

4) 林　知行：プロでも意外に知らない木の知識，学芸出版社，2012

5) 神戸　渡，飯島泰男：構造用集成材用木材を対象としたモードⅠ破壊靭性値，繊維直交方向強度の評価方法に関する一考察，木材学会誌，56巻，3号，pp.149-159，2010.5

6) 中塚佶，濱原正行，村上雅英，飯島泰男：エース建築構造材料学，朝倉書店，2004.4

7) 澤田稔：木材の変形挙動，材料，32，359，pp.838-847，1983.8.

8) 日本建築学会：「木質構造設計規準・同解説　-許容応力度・許容耐力設計法—」，丸善，2006

9) 日本農林規格　林産物：(http://www.maff.go.jp/j/jas/jas_kikaku/kikaku_itiran.html)

10) 一般社団法人　日本建築構造技術者協会　編：木造建築構造の設計，オーム社，2013

11) 岡村弘之：線形破壊力学入門，培風館，1976

12) I. Smith, E. Landis, M. Gong: Fracture and Fatigue in Wood, John Wiley & Sons Ltd, 2003

13) 神戸渡，中込忠男，伊倉裕太：繊維直交方向荷重を受けるカラマツ集成材ボルト接合部の脆性破壊に対するローカルクライテリアの適用，日本建築学会構造系論文集，611号，pp.111-118，2007

14) 日本建築学会：木質構造接合部設計事例集，丸善，2012

15) A. Thelanderson, H.J. Larsen:Timber Engineering,pp.114-115,Wiley,2003

16) 中村昇：接合部の割裂耐力推定のための破壊エネルギー算出，第17回　木質構造研究会技術発表会　技術報告集，pp.25-26, 2013

3.4 長期的な性状

3.4.1 クリープ変形

1) 概説

　木材は，外力に応じた変形が生じる「弾性」と，外力に対してゆっくりと変形する「粘性」の両面を併せ持っている．荷重の作用する速度が速いほど弾性的な性質が強まり，速度が遅いほど粘性的な性質が現れる．つまり，瞬時に破壊してしまうような大きな荷重でなくても，継続的に荷重が作用すると，時間の経過とともに徐々に変形が進行する．この現象がクリープであり，継続的な荷重が非常に低いレベルでもクリープ現象は発生する．また，クリープは木材だけではなく，木質材料（集成材や LVL，合板，パーティクルボードなど）にも生じる．木質材料は単板や木小片などを接着剤を用いて再構成したものなので，一般に製材よりもクリープ変形が大きくなりやすい．

　単なる変形の増大だけではなく，ある限度以上の荷重が長期間作用すると，ついには破壊に至ることがある．これをクリープ破壊というが，長期間の荷重に対して木材がクリープ破壊しない荷重レベルの最大値をクリープ限度という．クリープ限度以下の継続的な荷重であれば，荷重の除去により載荷直後の弾性変形（初期たわみ）に相当する変形量が回復する．荷重を除去した状態が続けば，後述の部分圧縮クリープの場合を除いて，クリープ変形（全変形から弾性変形を除いた分）もほとんど回復する．しかし，この回復性能は荷重の載荷期間が長くなるにつれて低下し，残留変形が大きくなるとされる．多雪地域における積雪荷重（クリープ限度以下）によるクリープ変形についても，融雪すればその回復を見込めることになる．

　木材のクリープに関する研究は，木材が主として曲げに抵抗する部材として用いられてきた歴史的背景の他に，特に梁などの曲げ材として用いられた場合にクリープ変形が顕在化しやすかったことから，曲げクリープに関するものが圧倒的に多く，それ以外の圧縮クリープや引張クリープなどの研究例は国内外ともに非常に少ないのが実状である．また，我国のクリープ研究は試験体としてスギが選択されることが多い．かつてはクリープ実験といえば小断面の無欠点材を試験体としたものがほとんどであったが，実際に建物で使用される状態でのクリープ特性の把握の重要性が認識され，特に曲げクリープに関しては，実大集成材や実大製材に対してクリープ実験が行われるようになり，データが蓄積されてきている．スギ材などを用いた既往の研究 [1-6]ほかによれば，木材の曲げクリープ限度は静的曲げ強度の 40～60%程度であるとされている．樹種に関わらず，また，曲げ以外の縦圧縮，縦引張，せん断に関するクリープのクリープ限度についても，既往の実験研究から曲げクリープ限度とほぼ同様のレベルにあるとみることができる．木規準および基準法では，曲げ基準強度の 3 分の 1 の 1.1 倍を長期許容応力度としているが，これはクリープ限度を念頭においた規定である．

　住宅の土台では，その上に乗る柱から繊維直交方向の部分的な圧縮荷重を受ける．このような部分圧縮の場合のクリープは，曲げなどの他のクリープとは異なる性状を示す．既往の研究 [7,8]によれば，土台の受圧面が柾目の場合，荷重－めり込み関係において強度とみなせるピーク点が存在し，荷重が静的比例限度よりも小さい場合には，最終的に変形がほとんど進まない状況に落ち着く．その際の相対クリープ（全体変形量の初期変形量に対する比）は，スギ材を用いた実験では 6 から 8 程度になる場合が報告されている．また，除荷時には初期めり込み分は回復するが，クリープ変形分は回復しない永久変形になるとされる．一方，受圧面が板目の場合は，受圧面直下の年輪層が次々に降伏して荷重－めり込み関係が段状に推移することと，温湿度変化に伴う半径方向の伸縮の影響により，クリープ性状の評価は困難なものとなる．

　通常，クリープ変形は経過時間との関係において，載荷直後から変形が増加を続け，安定状態に達するまでの一次クリープと，もはや顕著な増加が生じなくなって安定した状態（温湿度の影響による変動は生じる）の二次クリープに区分される．クリープ破壊に至るような場合は，しばらく続いた安定状態の後に再び変形が増加する様相を呈するが，この領域を三次クリープと呼ぶことがある．

　一般に温度が高いほどクリープ変形は増加する．製材や集成材を用いた曲げクリープ実験では，クリープが安定状態（二次クリープ領域）にあっても，7 月から 8 月に入るとクリープ変形が増加する傾向を示す．これは温度により木材の粘性的な性質が変化したことによるとされる．また，載荷中に温度を上昇させると，初めからその上昇時の温度下に置かれたものよりもクリープ変形は大きくなり，しかも温度差が大きいほどこの傾向は顕著になるとされている [9]．

　次に長期的な変形への湿度の影響について述べる．一般に木材の繊維方向のヤング係数は含水率の増加に伴って低下する傾向があり，気乾状態（含水率が大気の温湿度に平衡した状態）から繊維飽和点の間では，目安として含水率が 1%増加すると 1～2%程度減少するとされる．高い湿度の下では高い平衡含水率にな

るため，結果としてクリープ変形とは別に変形が増加することになる．木規準では，常時または断続的に湿潤状態に置かれる場合に，一定の低減係数を強度およびヤング係数に乗じるように規定されている．載荷中に湿度が変動し，その湿度変動に対応して含水率に変動（増減とも）が生じた場合は，後述するメカノソープティブ変形が生じ，やはり変形が増大することになる．湿度が変動する（木材が乾燥・湿潤を繰り返す）環境下でのクリープ実験では，湿度を一定に保った環境下でのクリープ変形よりも大きくなることが確認されているが，これはメカノソープティブ変形の影響によるものである．しかし，木材の断面の大きさによっては木材内部の水分変化が湿度変動に直ちに追従するわけではなく，材厚が数センチを超えれば，材全体としての平均的な含水率は周期的な湿度の日変化の影響をほとんど受けないとされている[10]．従ってクリープ変形への湿度の影響を考慮する場合には，含水率の変動に着目する方が本質的であると考えられる．なお，製材の場合は木取りの仕方により，集成材の場合はラミナの配列の仕方により収縮の方向に違いが生じるため，湿度の増加に対して必ずしも一定の増減傾向を示さないことも指摘されている．

接合部におけるクリープ性状も，基本的には主材となる木部のクリープ特性に依存すると考えられるが，接合具による応力集中により局部的に応力レベルが高まり，クリープ変形が進行しやすくなる場合があるので注意が必要である．

続く2)以降では，クリープ実験により明らかにされた各種クリープ変形性状と，その実験結果に基づいて作成したクリープ変形予測式，予測式による50年後，および100年後のクリープ変形の将来予測について述べる．

2) 集成材の曲げクリープ実験[11]

(1) 実験概要

断面120×396mm，全長6mのベイマツ構造用集成材を用いた曲げクリープ実験を9年間実施した．装置の概要を図3.4-1，図3.4-2に示す．荷重には長さ5mに切り揃えた鋼矢板と微調整用の鋼板を錘として使用した．載荷は2点集中加力形式で，支持点から載荷点までのせん断スパン長さ(1.8m)は，等分布荷重を受ける場合の曲げモーメント分布に近似させたもので，せん断破壊が曲げ破壊に先行しないという条件も含んでいる．この実験では，試験体の最大曲げ応力度が木規準による長期許容応力度に近いレベル（静的曲げ強度の30%：以降，応力比0.3と呼ぶ）になるものと，クリープ限度レベル（静的曲げ強度の50%：以降，応力比0.5と呼ぶ）になるものの2体を試験体としている．錘の重量は応力比0.3の試験体が約45kN，応力比0.5の試験体が約75kNである．集成材の強度等級は実験の実施が1991年であるため旧JASにおける1級である．クリープ実験に先立ち，同条件で製作された集成材を用いて2点集中載荷（載荷点はクリープ実験と同じ）による曲げ破壊実験を行ない，ヤング係数，曲げ強度ともに旧木規準における1級構造用集成材の規定値にほぼ等しい値であることを確認している．

載荷は2体とも1991年3月26日に実施し，9年目の2000年6月15日に実験を終了した．実験期間中，試験体近傍で温湿度を記録した．実験装置の設置場所は空調がない屋内で，外気に直接触れやすい環境である．

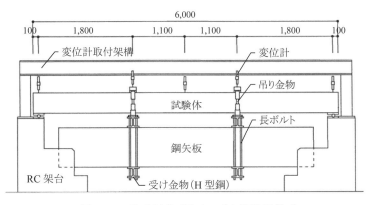
図 3.4-1 集成材曲げクリープ実験装置構成

図 3.4-2 実験状況（応力比 0.5）

(2) 実験結果

試験体の中央変形(たわみ)と経過時間との関係を図 3.4-3 に示す．変形は中央の変位計の測定値から両支持点変位計の測定値の平均値を差し引いて補正した値である．変位測定と同時に記録した温度と湿度のデータを併せて図中に示している．試験体に完全に荷重がかかった時の初期変形(δ_0)は，応力比 0.3 の場合 17.69mm，応力比 0.5 の場合 31.92mm であった．

載荷 500 日経過頃に，応力比 0.5 の試験体の中央下部に図 3.4-5 に示すようなひび割れを発見した．最下端から 2 枚目のラミナに節があり，ひび割れは節の上の 3 枚目のラミナに発生していた．この節のちょうど反対側の側面にも別の節が存在し，同様なひび割れが現れている．ひび割れ発生時点で変形は増加するが，その後およそ 20,000 時間(830 日目)を越えるまで，ほぼひび割れ発生以前の勾配で経過し，20,000 時間を越えてから変形増加速度が明らかに大きくなった．1,250 日(3 年半)経過時には節の下側にも縦ひび割れが発生し，これが最下端のラミナとの接着面に至って横方向に進展し始め，載荷 4 年目の時点では約 120mm 離れた節に達していた．そして同年 4 月 24 日(1,490 日目)にクリープ破壊した．破壊後の状況を図 3.4-6 に示す．この実験により，最大曲げ応力度が静的曲げ強度の 50%に相当する集成材梁(せん断破壊が曲げ破壊に先行しないもの)ではクリープ破壊に至る場合があることが確認された．図 3.4-3 では，破壊の直前 4 月 18 日(1,484 日目)に測定したデータまで示している．

図 3.4-4 は全体変形から初期変形を除いたクリープ変形増分 δ_{cp} を両対数で示したものである．クリープ変形の予測では，両対数のグラフ上で直線状に推移している部分，即ち，顕著な増加が生じなくなって安定した状態にある二次クリープの部分について回帰式を求めることになる．同図より本実験の 2 体については，載荷後約半年経過時に二次クリープの段階に入ったと判断できる．応力比 0.5 の試験体は上述のように，20,000 時間を越えてから破壊に至る三次クリープの段階に入ったと見ることができる．

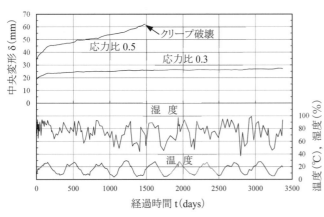

図 3.4-3 集成材曲げクリープ実験結果

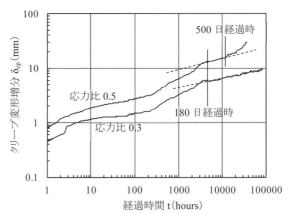

図 3.4-4 クリープ実験結果の対数表示

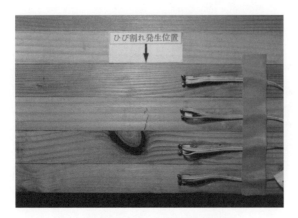

図 3.4-5 ひび割れ発生状況
(応力比 0.5，500 日経過頃)

図 3.4-6 クリープ破壊状況
(応力比 0.5，1490 日経過後)

(3) クリープ変形予測

木材のクリープ変形（変形増分）は，一般に次の Power 則で表現される．

$$\delta_{cp} = a \cdot t^N \quad \text{..式 3.4-1}$$

ここで，δ_{cp} ：クリープ変形
　　　　t ：載荷時間（実験時のサンプリング周期に依存）
　　　　a ，N ：実験により求められる定数

Power 則が用いられるのは，長期載荷時における同式の適合性が良いためである．任意載荷時間経過後の全体変形は初期変形とクリープ変形の合計として次式により求められる．

$$\delta = \delta_0 + \delta_{cp} = \delta_0 + a \cdot t^N \quad \text{..式 3.4-2}$$

ここで，δ ：全体変形
　　　　δ_0 ：初期変形

なお，初期変形に対する全体変形の比（δ/δ_0）は，相対クリープまたはクリープ変形係数と呼ばれ，次式のようになる．

$$\delta/\delta_0 = 1 + a/\delta_0 \cdot t^N \quad \text{..式 3.4-3}$$

定数 a ，N は計測データを式 3.4-1 で回帰して次のように得られた．ただし，初期の半年分のデータが回帰式作成に対してノイズとなるため，この部分を除いた半年以降の安定領域の計測データを用いた．応力比 0.5 については，ラミナにひび割れが入り変形が増加し始める直前の約 1 年 5 ヶ月目までのデータを使用している．なお，ここでは載荷時間の単位を時間（hour）としている．

　　応力比 0.3 集成材 ： $a = 1.359$，$N = 0.171$
　　応力比 0.5 集成材 ： $a = 2.828$，$N = 0.183$

応力比 0.3 の試験体について，50 年後の相対クリープ δ/δ_0 の予測値を，上記の定数を用いて式 3.4-3 により求めると，次のように算出される．

$$\delta/\delta_0 = 1 + \frac{1.359}{17.69} \times \left(50 \times 365 \times 24\right)^{0.171} = 1.71$$

これより，応力比 0.3 の荷重レベルでは，50 年後には初期変形の約 1.7 倍の変形を生じると考えられる．

3) 製材の曲げクリープ実験 [12]

(1) 実験概要

試験体は断面 120×240mm, 全長 6m の吉野産ヒノキであり, 自然乾燥済みの直径約 300mm の丸太から切り出した芯持ち材である. 載荷直前の試験体の高周波式含水率計による表面含水率は平均して 13%程度であった.

実験装置は図 3.4-7 に示すように, 2) の集成材クリープ実験と同じ装置を使用した. 載荷方法も同様に錘を用いた 2 点集中とし, 最大縁応力度が長期許容曲げ応力度(90kgf/cm^2 = 8.83N/mm^2)と等しくなるようにした. 載荷は 1996 年 6 月 14 日に実施し, 4 年目の 2000 年 6 月 15 日に実験を終了した.

(2) 実験結果

図 3.4-8 に全期間(1,462 日間)の試験体の中央変形(たわみ)を示す. 図中には変形と同時に計測した温度と湿度を示した. 載荷直後の初期変形(27.93mm)より求めた試験体の曲げヤング係数は 9,640N/mm^2 である. 1,462 日目の変形は 50.75mm であり, この時の相対クリープは 1.82 になる. なお, 木規準[13]では製材の場合, 式 3.4-3 の a/δ_0 を 0.2, N を 0.2(但し, 載荷期間の単位は day)とすると実際にほぼ適合するとしており, その計算値を図 3.4-8 中に示した. 実験結果が計算値に良く適合しているのがわかる.

図 3.4-7 製材曲げクリープ実験装置

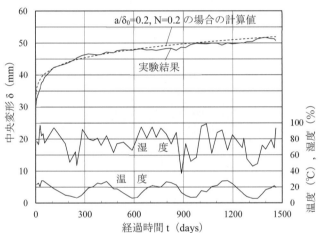

図 3.4-8 製材曲げクリープ実験結果

(3) クリープ変形予測

実大ヒノキ材の曲げクリープ曲線式として, 集成材クリープ実験と同じく, 式 3.4-3 を用いる. 但しここでは載荷期間 t の単位を日(day)としている. 計測データを式 3.4-3 で回帰するにあたり, 初期の 1 年分のデータが将来予測に対してノイズとして働くため, 定数設定にはこの部分を除いた 1 年目以降の安定領域の計測データを用いることとした. ノイズとなる期間は集成材のちょうど 2 倍に相当する. 初期の 1 年間のデータを除いた全データにより定数 a, N を求めると次のようになる.

ヒノキ製材 : $a = 6.700$, $N = 0.169$

50 年後および 100 年後の相対クリープ δ/δ_0 の予測値を, 上記の定数を用いて式 3.4-3 により求めると, 次のように算出される.

$$\delta/\delta_0|_{50年} = 1 + \frac{6.700}{27.93} \times (50 \times 365)^{0.169} = 2.26$$

$$\delta/\delta_0|_{100年} = 1 + \frac{6.700}{27.93} \times (100 \times 365)^{0.169} = 2.42$$

この計算結果によれば, 載荷 4 年目で 50 年目の変形の 80 %, 100 年目の変位の 75 %に達していることになる.

4) 柱による土台のめり込みクリープ実験 [14)]

(1) 実験概要

通常, 住宅の土台などでは上に乗る柱から鉛直荷重を受けるが, これは土台の繊維直交方向への局部的な圧縮(部分圧縮)となり, 荷重が大きい場合には土台のめり込みにより建物にひずみが生じて建具などに問題が及ぶ場合がある. しかし, 荷重の大小に関わらず土台には柱からの継続的な長期荷重が作用するため, 本来柱からの載荷部には部分圧縮によるクリープ(めり込みクリープ)が生じることとなる. 荒武らは, 従来めり込みに対する抵抗性の低さが懸念されていたスギ材を試験体に用いて, 以下に述べるように, スギ土台におけるめり込みクリープ性状を明らかにした.

105mm 角の心持ちスギ正角材を用いて, 長さ660mm の二本の横架材の間に長さ640～770mm の柱を立ててI型の試験体を製作し, 上下の横架材をそれぞれ土台に見立てた. 木材の品質を表3.4-1 に示す. また, I型の試験体は未乾燥材と乾燥材を用いた場合のそれぞれについて製作した.

表 3.4-1 試験体に用いたスギ材の品質

スギ材区分	含水率 (%)	縦振動ヤング係数 (kN/mm²)	密度 (g/cm³)
乾燥材	12.7～14.8	5.78～8.84	0.363～0.458
未乾燥材	47.8～143.4	6.14～8.54	0.509～0.813

図 3.4-9 に実験装置構成を示す. レバー式のクリープ実験装置で, 試験体の載荷点に錘の10 倍の荷重が負荷される. 一般的な2 階建て住宅の解析結果を参考に, 荷重は8.74kN(最大柱軸力:長期許容めり込み応力度の36 %相当)とした. なお, 座屈に関しては十分な余裕があり, 問題とならない. 柱と土台との接合方法は, 長ほぞ差し込み栓打ち, 突付けかど金物あてくぎ打ちの2 種類である(図3.4-10 参照). 長ほぞの仕様は縦30 mm×横90 mm×長さ90 mm で, 孔は通しとした. 測定は図3.4-9 に示すように, 柱の上下両端に2 本ずつ変位計を設置して, 上下の土台に対する柱のめり込みを把握した. 測定時間間隔は載荷から1 週間までを1 時間, その後を12 時間とした. 載荷期間は2003 年10 月31 日から2004 年10 月1 日までの11 ヶ月である. 実験期間中の温湿度変動を図3.4-11 に示す.

(2) 実験結果

図 3.4-12 と図 3.4-13 に実験結果を示す. 縦軸のめり込みクリープは図3.4-10 に示した4 つの変位計の測定データの平均値, 含水率は2 本の土台の高周波式含水率計による測定データの平均値である. 載荷11 ヶ月の時点でのめり込みクリープは, 未乾燥材(荷重8.74kN)の長ほぞ差し試験体で1.26mm を記録したが, これには脱湿時のメカノソープティブ変形が含まれていると考えられる. その他は1mm を下回っており, 通常の住宅レベルの荷重では実用上問題にはならない. また, 2 つの接合条件によるめり込みクリープの顕著な差は認められない.

この実験研究では別に, 土台の乾燥収縮の影響も調べており, 結果として, 土台に未乾燥材(含水率が繊維飽和点以上)を用いた場合には, 乾燥収縮による土台の断面せい縮小分とめり込みクリープの和が, めり込みクリープを大きく上回る(約3 倍以上)ことが確認された. この結果は, 通常の住宅における柱頭柱脚の接合部の長期変形による不具合を防ぐためには, めり込みクリープだけではなく, むしろ高含水率の部材を使うことによる乾燥収縮に注意すべきであることを示している.

－52－ 木質構造部材・接合部の変形と破壊

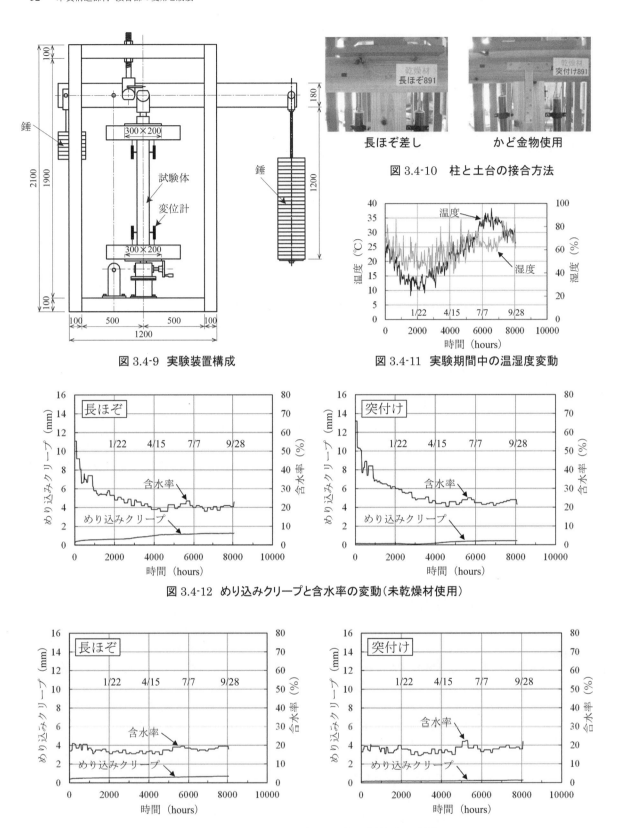

図 3.4-9 実験装置構成

長ほぞ差し　　　かど金物使用

図 3.4-10 柱と土台の接合方法

図 3.4-11 実験期間中の温湿度変動

図 3.4-12 めり込みクリープと含水率の変動（未乾燥材使用）

図 3.4-13 めり込みクリープと含水率の変動（乾燥材使用）

5) 伝統木造における斗組の圧縮クリープ実験 [15]

(1) 実験概要

社寺などの伝統的な木造建築では，桁や丸桁などの梁材から伝わる屋根荷重を受ける構造要素として，柱の上部に斗と肘木を組み合せた斗組を用いるのが一般的である．支承の役割を持つ斗と，上部からの荷重を下部に伝える役割を持つ肘木の重ね合せによって跳ね出し梁のように軒を支持する機能を果たす．構造的にも装飾的にも重要な建築部分であり，軒の深い優美な日本建築を形作る重要な要素といえる．斗組では一般に斗の繊維方向が水平になるように部材が組み上げられるため，斗組中央への継続的な鉛直荷重により主体として部分圧縮クリープ（めり込みクリープ）が生じる．伝統的な木造建築においては軒先の垂下を含め，架構全体の変形に及ぼす影響について十分注意すべきクリープ変形である．

本実験は斗組における圧縮クリープ性状を明らかにすることを目的としており，実大試験体を用いた継続載荷を5年7ヶ月にわたって実施している．試験体は我国の古代寺院の柱直上の斗組一段分を実大で製作したもので，外形寸法を図 3.4-14 に示す．部材の樹種はヒノキで，すべて新材を用いている．巻斗，方斗，大斗の下にダボ（ヒノキ）が打たれており，大斗下のものは円形鋼板中央の穴（75mm角）を貫通している．実験開始直前に試験体各部材の表面含水率を高周波式含水率計で測定したが，部材毎に数ヶ所の測定値を平均すると14〜22%の範囲であった．なお，桁材から大斗まで，部材各部の受圧面はほとんどが柾目面であった．

図 3.4-15 に実験装置の構成を示す．試験体頂部中央に方斗尻と同じ寸法（210×210mm）の載荷板を配し，油圧ジャッキとバネにより圧縮載荷を行った．載荷後，圧縮変形が顕著に進む間は自動制御油圧システムによる一定荷重載荷を行った．荷重の大きさは，繊維直交方向の長期許容めり込み応力度（2.45N/mm² ：実験計画時の本会規準による）相当荷重（108.1kN）とした．クリープ変形が定常的な漸増状態に入ったと判断された時点で，油圧システムを解除し，バネの反力のみで載荷を行った．変形の進行に伴ってバネ反力が低下した際には油圧ジャッキの再加圧及びナット締めにより荷重を復帰させ，試験体の膨張によってバネ反力が増加した際には逆に荷重を減じるようにした．測定は試験体全体の高さ（円形鋼板を含め 960 mm）の変化を調べたが，図 3.4-14 に示すように頂部の載荷板の端を延長し，すぐ上のクロスビームに干渉しないように2本の変位計をセットしてその平均値をとった．測定は一定時間おきに自動計測とし，載荷直後は30秒〜1時間，変形の進行が緩やかになってからは1日〜1週間とした．また，全期間を通じて温度と湿度を測定するため温湿度連続記録計を試験体脇に設置した．

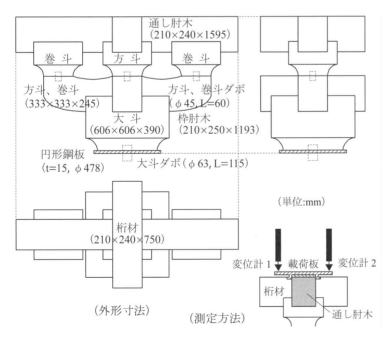

図 3.4-14 試験体外形寸法と測定方法

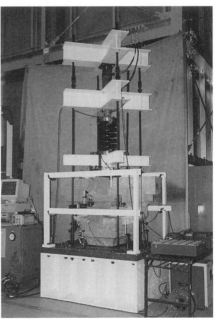

図 3.4-15 実験装置

載荷は 2000 年 6 月 27 日に開始し，5 年 7 ヶ月（2045 日）後の 2006 年 1 月 31 日まで継続した．図 3.4-16 にこの間の測定結果を示す．同図に期間全日の日最高気温と最高湿度を併せて示した．初期変位は 8.82 mm である．載荷後 493 日目に，以後変位の急増はないと判断してバネ反力による載荷を開始した．気象観測史上稀有の高気温が続いた 2001 年 7 月（370〜400 日目頃）に変位の顕著な増加がみられた．部材の含水率がこの期間に急速に減少し，後述するメカノソープティブ変形が生じたと考えられる．以降，変形は増減を繰り返しながら全体として漸増していくようになるが，増減の繰り返しには温湿度の影響が認められる．

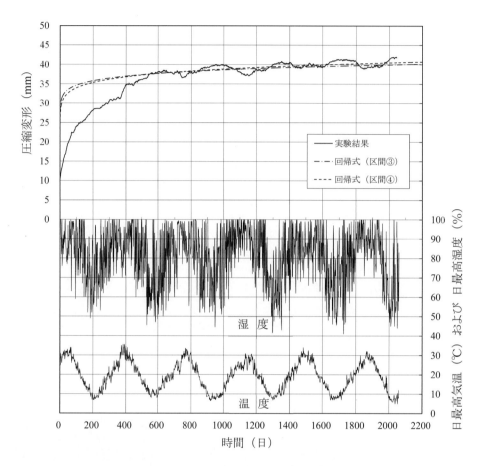

図 3.4-16 斗組の圧縮クリープ実験結果

図 3.4-17 は縦軸に相対クリープ増分（$\delta/\delta_0 - 1$），横軸に時間をとり，それぞれ対数にして結果を示したものである．斗組においても梁部材と同様に式 3.4-3 が成立するとすれば，勾配が N なる右上がりの直線部分が現れることになる．ここではほぼ直線的に推移している部分を抽出し，その区間毎に回帰分析を行なう．載荷後間もない期間を除いてまず次の 4 つの区間に着目した．

区間① ： 載荷 11 日〜70 日
区間② ： 載荷 70 日〜1 年（367 日）
区間③ ： 載荷 1 年半（549 日）〜2 年半（913 日）
区間④ ： 載荷 1 年半（549 日）〜5 年半（2,005 日）

区間③は，温湿度変動に起因する膨張収縮による変形の周期的な変化が比較的はっきりと捉えられた時期（550 日目頃）を始点としている．メカノソープティブ変形が発生してから 550 日目頃までの間は変形性状が不安定であるとみなして検討の対象から除外した．膨張収縮による変位の変動が 1 年を周期として繰り返されるという推定に立脚すれば，550 日目以降でも回帰分析の対象は 1 年またはその整数倍の期間とするべきである．そこで区間③については期間を 1 年間とし，更に期間が 4 年間となる区間④を考えた．各区間の分析結果を表 3.4-2 に示す．

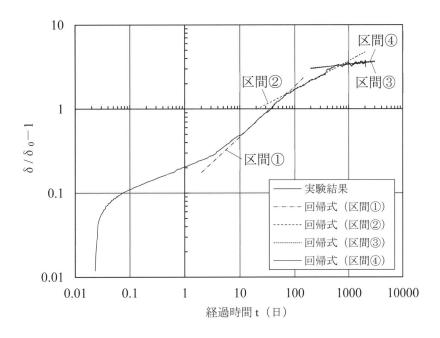

図 3.4-17 実験結果の対数グラフ表示と勾配回帰

表 3.4-2 実験結果の勾配回帰

	回帰分析期間	データ数	係数 a	指数 N	相関係数
区間①	11 日 ～ 70 日	60	1.0179	0.60424	0.9982
区間②	70 日 ～ 367 日	167	3.1217	0.34079	0.9927
区間③	549 日 ～ 913 日	53	19.386	0.06227	0.9664
区間④	549 日 ～ 2005 日	209	17.673	0.07662	0.9401

区間①または②の測定結果をもとに回帰式を求めると変位増加の割合が非常に大きくなり，現実的な結果にならない．このことは部分圧縮に関するクリープ実験では実験期間が 1 年程度のデータではクリープ変形の将来予測ができないことを示している．区間③および④の回帰直線はほぼ重なっているが，この分析結果をもとに 100 年目の全体変形量 δ_{100} を計算する．

区間③の結果より： $\delta_{100} = 46.10$ mm（相対クリープ ＝ 5.23）
区間④の結果より： $\delta_{100} = 48.34$ mm（相対クリープ ＝ 5.48）

上記計算結果によれば，100 年後には全体変形量は初期変形の 5 倍を超えることになり，載荷 5 年目の時点で 100 年目の変位の約 85%に達していることになる．また，550 日目（1 年半）以降のデータを用いて回帰式を求めた場合，回帰期間を 1 年間とした場合と 4 年間とした場合とでは，長期予測に大きな差は生じないことがわかった．回帰区間③および④の係数 a，指数 N を用いて作成した式 3.4-2 によるクリープ曲線を図 3.4-16 中に示す．

斗組は複数の部材の集合体であるが故に，斗組の段数が多いほど圧縮クリープ変形は累加され，個々の部材の受圧条件，例えばめり込み圧縮と全面圧縮の別，半径方向（板目面）と接線方向（柾目面）の別によりクリープ性状は異なるものとなる．枠肘木に鉛直荷重の一部が伝わることによる影響も考えられる．本実験の結果は，実大実験の結果の一例として参考にされたい．なお，本実験では部材断面が大きいため実験開始時の部材内部の含水率は表面よりも高かったと推測され，このことがメカノソープティブ変形発生の原因になったと考えられる．メカノソープティブ変形が生じていなければクリープ変形の将来予想値は上記の計算値より小さかったと考えられるが，断面の大きな部材（製材）を用いる場合はメカノソープティブ変形による同様な変形増分が生じる可能性が高いと考えておくべきである．

3.4.2 メカノソープティブ変形

1) 概説

　含水率の変動(水分の吸収または放出)は木材の重量だけでなく物性や寸法(形状)に大きな影響を及ぼすが,ここでは含水率の変動に伴って発生するメカノソープティブ(mechano-sorptive)変形と呼ばれる特異な現象について述べる.長期的な継続荷重が作用している木材が繊維飽和点以下の含水率である場合,気乾状態に達するまでの水分の吸収(吸湿)または放出(放湿)の過程で変形が進行する.この現象をメカノソープティブ変形と呼ぶが,その発生の原因は未だに解明されていない.吸湿と放湿のいずれの水分変化においても変形は進行するが,建築で特に問題となるのは,放湿すなわち乾燥の過程で生じるメカノソープティブ変形である.乾燥が不十分な製材のように,含水率の高い木材を建築部材に用いると,建物として組み立てられた後に乾燥が進み,その際にメカノソープティブ変形が発生して,想定した変形量(初期弾性変形＋クリープ変形)を上回る変形が発生する場合があるので特に注意が必要である.未乾燥材の長期的な変形に占めるメカノソープティブ変形の割合はクリープ変形の割合を上回る場合もある.また,メカノソープティブ変形は経過時間に依存せず,木材の水分変動により生じるものであるため,通常のクリープ変形とは区別して考えられる.

　木材や木質材料のクリープ変形は,式 3.4-1 の $a \cdot t^N$ の形で近似できるものが多い.しかしこの式は,気乾状態にある木材,あるいは集成材のように含水率管理の下で製造され,出荷時に概ね気乾状態にあるものに適合するものである.生材のように気乾状態を超える含水率状態にある木材に対しては,メカノソープティブ変形を考慮した変形予測を行う必要がある.

　2)以下で,実験により把握されたメカノソープティブ変形性状について述べる.

2) 製材の曲げクリープ実験 [16]

(1) 実験概要

　試験体には断面 105 mm×240 mm,長さ 4 m のベイマツ製材について,乾燥材と未乾燥材の両方を使用した.図 3.4-18 に実験装置を示す.支持スパンの 3 等分点で錘(鉄筋)により載荷し,最大曲げ応力度が応力比 0.1 になるようにした.高周波式含水率計を用いて測定した載荷開始時の梁の含水率は,乾燥材で 12.7 %,未乾燥材で 21.5 %であった.未乾燥材でもこの含水率であるのは,ベイマツ生材の含水率がもともと低いことによる.載荷は 1998 年 10 月 19 日に開始した.載荷期間は約 2 年間(約 18,000 時間)であり,この間の温湿度変化を図 3.4-19 に示す.

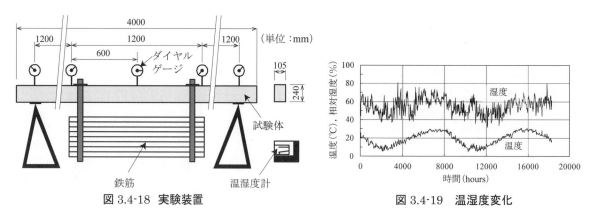

図 3.4-18　実験装置　　　　　図 3.4-19　温湿度変化

(2) 実験結果

　図 3.4-20 に実験結果を示す.支持点位置における梁断面の収縮量を差し引いた中央変形(たわみ)と,その収縮量を縦軸としている.未乾燥材の試験体は,乾燥材のそれに比較して載荷当初から著しく大きな変形を生じていることがわかる.未乾燥材の試験体で把握されたこの特異な性状は,載荷開始時の高い含水率に起因するもので,気乾状態に達するまでの含水率の減少過程で,放湿時のメカノソープティブ変形を生じたことによる.

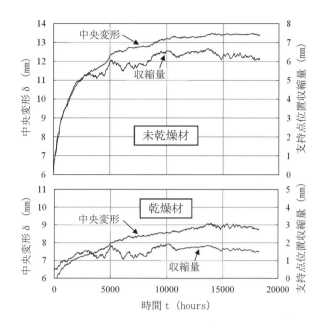

図 3.4-20 ベイマツ製材の中央変形と支点収縮

【参考・引用文献】
1) 杉山英男:木材の曲げ強度と剛性に及ぼす荷重時間の影響, 日本建築学会論文集, 第52号, pp.85-94, 1956.3
2) 沢田稔:木材梁に関する研究(第4報)曲げクリープ試験(1), 林業試験場研究報告, No.98, pp.85-116, 1957
3) 竹山謙三郎, 久田俊彦, 竹之内清次:木構造の長期強度について, 日本建築学会論文集,第39号, pp.18-27, 1949.11
4) 森三郎:死荷重に対する木材の応力に就いて, 日本林学会誌, Vol.16, No.1, pp.85-88, 1934
5) 久田俊彦:木材の長期荷重に対する強度並に断面欠損の影響, 日本建築学会研究報告集,第9号, pp.81-84, 1950.11
6) 杉山英男:Experimental Data on the Prediction of the Creep Limit of Wood in Bending from Creep and Creep Recovery Tests, 明治大学工学部研究報告, No.11, pp.13-53, 1958
7) 杉山英男:部分的横圧縮を受ける木材のクリープに関する実験的研究(荷重面柾目の場合), 日本建築学会論文報告集, 第63号, pp.481-484, 1959.10
8) 杉山英男:部分的横圧縮を受ける木材のクリープに関する実験的研究(荷重面板目の場合), 日本建築学会関東支部第27回研究発表会, pp.1-4, 1960.1
9) 北原覚一:木材物理, 森北出版, 1967
10) 寺沢真, 鷲見博史:わが国の木製品の適正含水率について, 木材工業, Vol.25, No.7, pp.297-303, 1970
11) 木村衛, 楠寿博, 鴛海四郎:実大米松集成材の曲げクリープ性状, 日本建築学会構造系論文集, 第561号, pp.169-176, 2002.11
12) 楠寿博, 長瀬正, 木林長仁, 鴛海四郎, 林良彦, 植田哲司:Experimental Study on the Creep Behaviour of Structural Component of Traditional Wooden Buildings, Journal of Asian Architecture and Building Engineering, Vol.4, No.1, pp.185-191, 2005
13) 日本建築学会:木質構造設計規準・同解説, 2006
14) 荒武志朗, 田中洋, 上杉基, 有馬孝禮:スギ構造材柱脚柱頭接合部のめり込みクリープ, 木材工業, Vol.60, No.3, pp.121-126, 2005
15) 楠寿博, 長瀬正, 木林長仁, 林良彦, 植田哲司:伝統木造建築における斗組の構造特性に関する実験的研究, 日本建築学会構造系論文集, 第592号, pp.129-136, 2005.6
16) 荒武志朗, 森田秀樹, 有馬孝禮:自然環境下における各種中断面部材のクリープ(第1報), 木材学会誌, Vol.48, No.4, pp.233-240, 2002

4 接合要素

4.1 接合部における変形・破壊の特徴

　木質構造では，部材の耐力よりも，接合部の耐力の方が一般的に低いため，接合部の破壊が先行することはもとより，接合部の変形が構造体の変形に大きく影響を及ぼす．このことから，木質構造の設計は接合部で決まるといっても過言ではない．接合部の性能は，剛性，降伏変形，降伏耐力，仮想降伏点変形，終局変形，終局耐力といった特性値が評価指標となる．

　構造物として全崩壊型の脆性的な破壊を避けるという観点においては，木質部材に塑性変形能力を期待すべきではないことから，接合部の塑性変形能力によって，構造物としての終局変形能力を確保することになる．このとき，木材はその細胞構造から，めり込み（横圧縮）を除いて塑性変形能力に乏しいことから，多くの場合は鋼材の塑性変形能力を組み合わせることで，接合部における木材の脆性破壊を避け，接合具や接合金物が先行して降伏するように設計するなど，接合部で終局変形と終局耐力を確保するための方策として，しばしば接合耐力を抑えることで実現されている．

4.1.1 多様な接合形態

　木質構造に用いられている接合部は，木材同士の嵌合による接合，接合具による接合，接着剤による接合と，これらのハイブリッドに大別できるが，その実際は実に千差万別で，負担する力，使用部位，使用する接合具や金物などの材料，組合せ，分類は極めて困難である．接合と称する場合には，二つ以上のものをつなぎあわせることを意味し，柱と梁をつなぐ場合も合板を柱にくぎでとめつける場合も接合である．前者のような場合を接合部と称することが多いが，後者のような場合は，接合具 1 本あたりに注目して木規準では単位接合部と呼び，接合部［全体］の一部分，例えば鋼板挿入ドリフトピン接合のドリフトピン 1 本に注目した場合も，単位接合部という表現になる．二つの部材を材軸方向に延長する場合の接合部を継手と呼び，2 つ以上の部材が角度を持って接合する場合の接合部を仕口と呼ぶ．個別の接合部の破壊性状については，後述の各節にゆだねるとして，本節では，接合を接合部に該当する部材同士をつなぐ部材間接合と，部材を組立て構成するための接合といった二つの視点で概説する．

1) 部材間接合

　図 4.1-1 に部材間接合における力の伝達の概念図を示す．部材間接合される相互の部材だけからなる場合（Type 1），部材と部材との間に接合板等の接合部材が介在する場合（Type 2），その接合部材を接合具で固定する場合（Type 3），接合部材と接合具のそれぞれが部材間にまたがって存在する場合（Type 4），接合部材が取り付く部分の部材を接合具や添接部材で補強する場合（Type 5, 6）などがある．

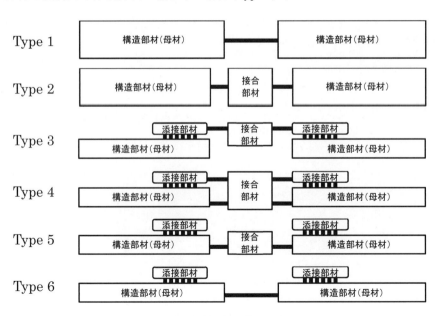

図 4.1-1　部材間接合形態のいろいろ

継手や仕口など，部材が取り合う角度や，部材間で伝達しようとする力にもよるが，異方性を持つ木材に対して等方性の鋼材を仲立ちとすることで，力の伝達をスムーズにすると共に，幾何学的な制約を緩和している．

2) 部材を組み立て構成するための接合

部材を組立て構成するための接合には，接合具を用いて機械的に接合される場合のほか，接着積層によって組立・複合される場合がある．

機械的な接合の場合は，より小さな構成部材同士の部材間接合ととらえることもできるが，組立部材内の接合に求められる性能は均質では無く，部材全体の応力や変形状態によって構成部材の接合点に求められる性能が変わってくる．また，トラス梁に等分布荷重が作用するとき，梁の中央でモーメントが最大になることを考えれば，下弦材の継手を中央に配置するのは合理的でないことは自明であり，接合点をどのように配置するかによって，組み立て部材の性能は変わってくる．これらの破壊性状については，5 章で詳しく述べるが，組み立て部材を構造要素として設計する場合には，構成する部材の接合がその構造要素の特性を決定するといえる．

一方，積層接着によって組立複合される場合は，機械的な接合と同じく，部材内の位置によって負担する応力や変形が変わるが，部材の長手方向に均一な断面構成となる部材の場合には部材内の最大応力に耐える接着性能が求められる．特に接着接合では，局所的な破壊の発生がそれを含む接着部分全体の破壊に直結する場合も多い．そのため，実構造物用の部材では，一般に弾性範囲内で，且つ十分な安全余裕を見込んで強度設定している．実験的な検証場面では，接着接合を含む部材や接合部であっても局部的な破壊や塑性変形を許容するものがあることは事実であるが，実際の構造物でそのような靭性的性質を保証できるかは，個々の技術によって異なる．

接着積層の一軸モデルを図 4.1-2 に示す．従来，木材の接着は，強度的な検証は勿論であるが，木材，接着剤固化層，被着材（木材，あるいは鋼板や補強繊維等），そしてそれぞれの界面のどこが壊れているかに注目して，安全性を議論する必要がある．想定される応力に対して十分な安全余裕があれば界面のどこで壊れてもよいが，状況によって破壊し得る水準の応力を目標設定する際には，できるだけ破壊位置が木材となるよう，接着性試験による確認が行われている．すなわち，人工的に接着剤の強度は自由に調製することができる一方で，木材の強度は，調製することは困難であることを背景にして，接着部分の強度が木材の強度を上回るよう，接着接合を誘導しようとしているからに他ならない．したがって，接着によって製造された木質部材の破壊強度は，各部位をマクロ的に見れば容易にわかるように，木材の強度を上回ることはない．

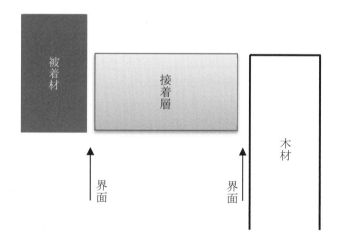

図 4.1-2 接着積層の一軸モデル

実際の接着接合の破壊は，図 4.1-3 に示したモデルのように，①母材の破断，②接着剤固化層のせん断破壊，③被着材の破壊に加え，④母材と接着剤固化層の界面の破壊，⑤接着剤固化層と被着材の界面の破壊がある．これに接着部以外の⑥木材の破壊と⑦被着材の破壊が加わり，それらと接着剤や界面破壊が複合した破壊⑧⑨がある．いずれの破壊においても，安定した塑性変形やエネルギー吸収を確保できるかどうかが，安全余裕の設定に大きく関わることになる．接合部としての破壊までの変位量を確保する方法としては，機械的接合などを組み合わせて接合法を多重化させるものや，接着剤の破壊ひずみよりも被着材の破断ひずみを大きくとって，接着接合部分の局部破壊と接合部の全体破壊の連鎖を緩和する技術も開発されている．

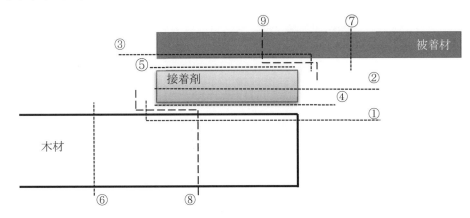

図 4.1-3　接着接合部のモデル

3) 接合部の構成要素

木質構造における部材間接合は，具体的には以下のものが構成要素となる．これらの構成要素すべてにおいて変形と破壊の要因となり，表 4.1-1 に示すような材質や寸法といったパラメータによって，どこから壊れるのかが変化する．接合具，補強金物，接合金物には，入手し易く，等方性材料で強度も高い鋼材が用いられる場合が多い．

① 母材：　　　接合される柱・梁等の軸材，あるいは軸材に接合される合板等の面材を指す．

② 接合具：　　母材に挿入され母材と結合する役割を果たす．木栓，くぎ，ボルト，ドリフトピン等．

③ 補強金物：　接合具により母材と結合され，母材に生じる力の一部を伝達する役割を果たす．山形プレート，羽子板ボルト，ホールダウン金物等．

④ 接合金物：　接合具により母材と結合され，部材に生じる力を伝達する役割を果たす．梁受け金物，ホゾパイプ等．広義には補強金物を含めて接合金物と呼ぶ．

⑤ その他：　　接着剤，繊維シート等の接着接合の要素等．

接合部構成要素の例として，柱に対して鋼板添え板ボルト接合，梁に対して鋼板挿入ドリフトピン接合を用いた接合金物を図 4.1-4 に示す．

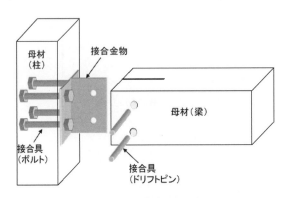

図 4.1-4　接合部構成要素

表 4.1-1 接合部の変形と破壊にかかわる要素

部位	変形・破壊要素	関連パラメータ
母材	めり込み	繊維方向, 支圧面積, 支圧強度
	割れ	繊維方向, 縁距離, 端距離
	破断	断面積
接合具	曲げ変形	径長比
	破断	せん断力, 断面積
補強金物	塑性変形・伸び	材質, 板厚, 断面積
	座屈	板厚, 形状
	破断	材質, 板厚, 断面積
	パンチングアウト	材質, 板厚
接合金物	塑性変形・伸び	材質, 板厚, 断面積
	座屈	板厚, 形状
	破断	材質, 板厚, 断面積

以上を踏まえ，木質構造における接合方法は，前述の構成要素の組合せにより，以下の接合方法に分類する．

 a. 胴付き・嵌合接合
 b. 接合具を使った接合
  1. 接合具のみによる接合
  2. 嵌合接合＋補強金物＋接合具による接合
  3. 接合金物＋接合具による接合
 c. 接着接合
 d. 各接合法の併用

金物接合

なお，金属製の接合具と補強金物，又は接合金物を用いた接合を，木材のみによる伝統木造の接合に対して「金物接合」と呼ぶことがある．

4.1.2 各接合法の特徴と接合例

個別の破壊性状については，次節以降で解説するが，ここでは，前掲の接合方法の分類に則って，特徴を概説する．

a) 胴付き・嵌合接合

我が国の伝統木造建築における接合は木の嵌合による接合であり，その形状・仕組みは実に様々なものが存在する．図 4.1-5 から図 4.1-8 に代表的な例を示す．これらの接合は，職人の長い経験により寸法比や加工，構成の仕方が，部位や部材の大小などに応じて決まっており，割裂などが生じないように「めり込み抵抗」に依存して力を伝達するように意図されている．

特徴：
- 母材の接合部分を切削加工し，母材同士を嵌め合わせるなどして，メカニカルに接合する．このため比較的大きな断面欠損を伴う．
- 木栓等の接合具を使用し，金物を用いない．
- 主に木材同士の摩擦，圧縮(めり込み)，せん断によって力を伝達する．
- 加工精度が性能に影響しやすい．
- 現在では簡略化された嵌合接合と補強金物の組み合わせが多く用いられており，CAM によるプレカットも広く行われている．

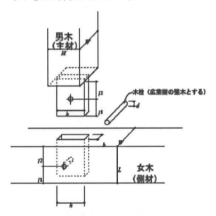

図 4.1-5 長ホゾ込み栓仕口

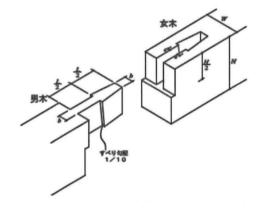

図 4.1-6 腰掛鎌継ぎ

図 4.1-7 平ほぞ鼻栓締仕口

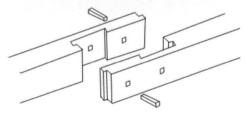

図 4.1-8 追掛け大栓継ぎ

b-1) 接合具のみによる接合

　接合具には木製の木栓やダボなども含まれるが，通常これらのみで接合することは無い．一方，金属製のくぎ，ビス，ボルトなどは，これらのみで接合部を構成することもある．特に面材と軸材の接合はこの方法が普通である．図 4.1-9 から図 4.1-12 に代表的な例を示す．特徴として，次の項目が挙げられる．

- 接合具のせん断，引き抜き抵抗などによって力を伝達する．
- 機構・加工が比較的シンプルであり，断面欠損が比較的小さくて済む．
- 接合具の本数により，高い荷重レベルから低い荷重レベルまで対応可能である．
- 接合具 1 本あたりの性能から接合部全体の性能設計が可能な場合もあるが，多数本の接合具を用いる場合，力の分担，負担方向と木材の繊維方向が複雑となり，注意が必要である．
- 破壊を接合具の変形に誘導すると，靭性の高い接合が実現できる．

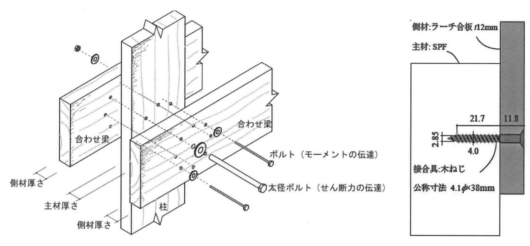

図 4.1-9 ボルトによる挟み込み接合　　　　　図 4.1-10 ビスによる面材と主材の接合

 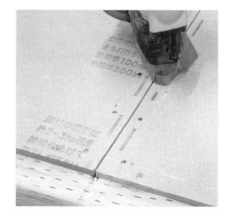

図 4.1-11 ボルトによる柱－梁接合　　　　　図 4.1-12 くぎによる面材と軸組接合

b-2) 嵌合接合＋補強金物＋接合具による接合

図 4.1-13 と図 4.1-14 に代表的な例を示す．特徴として次の項目が挙げられる．

- 母材同士の摩擦，圧縮(めり込み)，あるいは接合具のせん断，引き抜き抵抗などによって力を伝達する．
- 接合部に生じる複合力に対し，嵌合部分と補助金物が分担して抵抗．(主に嵌合部分で圧縮・せん断力を受け，補強金物で引張力を受ける．)
- 嵌合部分は CAM によるプレカットが可能な形状に簡略化されたものが多く用いられている．
- 接合具，補助金物の変形により靱性の高い接合が実現できる．
- 実際に接合部に生じる複合応力に対する，嵌合部分，補強金物，接合具の力の分担，負担方向などは複雑であり，注意が必要である．
- 嵌合部分が断面欠損を伴うため，配慮が必要である．
- 接合具が木材の異方性の影響を受けやすく，配慮が必要である．

図 4.1-13 柱脚ホールダウン金物

図 4.1-14 柱脚，筋かい端部の補強金物

b-3) 接合金物＋接合具による接合

図 4.1-15 から図 4.1-17 に代表的な例を示す．特徴として次の項目が挙げられる．

- 接合金物を介し，接合具のせん断抵抗などによって力を伝達する．
- 主に接合具を介して接合金物が力を受けるが，接合金物が直接部材の力を受ける場合もある．(ex. 梁受けボックス金物が直接梁のせん断力を受ける．)
- 接合具，接合金物の変形により靱性の高い接合が実現できる．
- 実際に接合部に生じる複合応力に対する，接合金物，接合具の力の分担，負担方向などは複雑であり，注意が必要である．
- 金物によってはやや断面欠損を伴う．
- 接合具が木材の異方性の影響を受けやすく，配慮が必要である．

図 4.1-15 梁受け金物＋接合具による接合

図 4.1-16 鋼板挿入ボルト締めによる接合

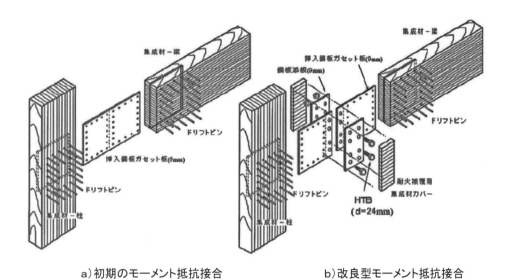

a) 初期のモーメント抵抗接合　　　　b) 改良型モーメント抵抗接合

図 4.1-17 ガセット型モーメント抵抗接合の基本形

c) 接着接合

図 4.1-18 に接着接合の一例を示す．特徴として次の項目が挙げられる．
- 母材同士を直接接着，あるいは接合具・接合金物を介して接着する．
- 接合の形式によって，部材の軸力，モーメント，せん断力のそれぞれを伝達する．
- 一体化されるため，「あそび」が無く，剛性に優れる．
- 断面欠損が少なくて済む．
- 接着剤の耐久性などが必ずしも明らかでなく，現状では建築確認を受けることが難しい．
- 施工方法・施工管理等が難しい．

図 4.1-18 木ダボ接着接合

4.1.3 接合部での力のやり取り

　構造体を構成するためには継手と仕口を必要とするが，1対1の接合に加えて1対2，1対3などと，複数部材が一点で集中して接合する場合が不可避である．また，構造体の部材は，引張や圧縮の部材軸方向の力に加えて，せん断や曲げ力を伝達する．実際の構造物では，前述の一軸的な接合形態を伝える相手先部材ごと，伝達する力ごとに整理して考える必要がある．

　木材の接合では，鉄骨造における溶接の様な接合法は考えにくく，部材軸芯同士を一致させる接合は非常に難しい．伝統的な継手など，部材外形を揃えた部材接合法はあるが，接合部内部を局部的に見れば，部材それぞれを欠き込んで重ねる区間があり，その欠き込み量に応じて強度低下することから，区間の部材軸芯を一致させることは容易ではない．強度を確保しようと欠き込みを減らすと，部材軸間には距離が生じ，部材から伝達される力が一点で取り合うことができなくなる．この偏心によって，部材には軸方向以外に変形させようとする曲げモーメントや回転モーメントが生じ，それらによって，接合部に副次的な応力（二次応力）が発生する．部材の欠き込みは，構造体としての安全性を大きく減じるおそれがあることから，接合する2部材間の部材軸芯を一致させることに固執せずに，接合部で取り合う部材全体でバランスを取ったり，接合部での回転を許容したりする構造計画上の配慮も重要である．

　また，木質構造の接合部は母材強度を下回ることが通常であるため，できるだけ長い部材を採用することで継手の数を減らしたり，仕口を貫く部材軸線を一本の部材となるよう割り付けたりする工夫が施されてきた．特に補強金物や接合金物が珍しかった時代には，組立部材の変形のほとんどが接合点のすべりや緩みとなっていた場合も多くあったようで，トラス弦材に関しては，部材数を減らすことが肝要であるとの指摘もされてきた．仕口を貫通する部材で接合部を構成するためには，取り合う他の部材の接合に我慢を強いるか，接合点に若干の偏心を許容する必要がある．部材に注目した構造計画では，接合点を一点に集中させることが理想であるが，接合部のための欠き込みなど，部材断面を減じ強度を低下させるおそれの大きい構造体の計画は避けるべきである．

　もちろん，受ける外力と接合部で伝達される力の種類によって局部的に発生する破壊現象は変化することになるが，それに加えて接合部内部で木材がどのように組み合わさるか，部材間や接合部材との接触部分，そして接合具の近傍の木材繊維がどのような配置関係になっているかによって変わるものである．こういった観点から，「適材適所」や「材料の特性を見定めて使う」という考え方に基づく設計を突き詰めていくと，きめ細かな材料特性の把握が構造計画上，重要となる．

　古い民家では，丸太部材の曲りを上手く組み合わせ，接合部での木材繊維方向をより有利な形になるよう配置しようとしたり，局部的な圧縮力を受ける部分に節等の高密度部位を敢えて配置したりと，採材位置や架構計画を調整したものが数多くある．設計資料に集められた一般的な材料の特性を組み合わせて構造計画するだけでは無く，使用可能な材料や用意された部材の情報を収集し，それぞれの特性や特質を見定め，間取りや室高さなどの建築物に対する要求との間を高い次元でバランスをとり，建築物の効用を最大化した一つの姿がここに存在しているともいえる．

4.1.4 複合応力

　構造物が外力を受ける場合において，各部材や接合部のそれぞれが材料試験や強度実験のような単純な応力状態となる場合は稀である．

　従来，住宅など小規模木質構造の接合部に期待される性能は「破断・離間しないこと」であり，実験的に評価できる単純性能を，力を受ける方向と木材繊維との関係性に留意しながら，構造計画されてきた．圧縮力やせん断力に対しては部材同士が力を直接やり取りする胴付き・嵌合接合，引張力に対しては引き寄せ金物やせん断型接合具を使った補強金物等による接合など，一つの接合部位に複数の接合法が共存しながら接合部を形成してきた．複数の接合法が一つの接合部を形作っている場合，例えばせん断型接合具では，接合具の端距離や縁距離など，他の接合法の施工・加工の条件によって変化し，注目している接合法の強度的性質に大きく影響する．そのため，一つの接合部の仕様を決定するためには，そこに関係する接合法のそれぞれを過不足無くバランス良く組み合わせた形が求められることになる．

　トラス構造や木質ラーメンなど，建物の開口部を大きくしたり，平面的な間取りの自由を獲得したりする目的で，構造的な工夫を重ねる場合にも注意が必要である．

　組立部材の場合など，前述したように部材軸を一点に集める接合ができない際には，偏心によって生じるモ

ーメントの処理や部材のせん断・割裂など，二次応力の処理に注意が必要である.

　モーメント抵抗型接合部を使う場合には，接合部自身の耐力設定に注意が必要である. 木質構造の接合部は，基材となる木材の強度分布を始めとして，強度異方性，樹種による強度・破壊性状の違いなどの他，組み合わせる接合具の形状や大きさ，接合部材の形状材質など，強度に関与するパラメータが非常に多い. そのため，全てのパラメータを網羅的に強度確認することが難しく，また組み合わせとなる複合応力に関しての検討事例は，ごくごく少数の報告に限られる. 応力が複合する状況は，例えば木材繊維方向への荷重を受ける接合部に，木材繊維と直交する成分の応力を加えることに他ならず，破壊形式が大きく変化する可能性を否定できないことからも注意が必要である.

　構造用集成材の柱梁ドリフトピン接合部のように，曲げ降伏型接合具が群としてモーメント抵抗接合部（4.9節）する場合には，群の中で破壊の急激な進展が抑えられる可能性がある一方で，群全体として1つの大きな接合具のように挙動して，早期の部材破壊を引き起こす場合もある.

　引きボルトを使ったモーメント抵抗接合部（4.10 節）では，ごく少数の対となる接合具による偶力でモーメントに抵抗するが，接合具には軸方向の引張力以外にせん断力がかかってしまったり，そのせん断力によって柱部材の木材繊維方向への割裂を誘発したりする場合もある.

　めり込み型モーメント抵抗接合（4.11 節）では，複合応力によって破壊形式に大きな変化は生じにくいが，押し潰されている部分に更に荷重が重畳されることになることから，期待よりも最終破壊時期が早まる可能性があることに注意が必要である.

　以上のように，複合応力については，重要部材の早期破壊・破断など，安全性に重大な影響を及ぼすおそれがあるとの考えを基本に据えて，保守的な取り組みによって構造計画することが望まれる.

4.2 胴付き・嵌合接合

4.2.1 接合法の概要

胴付き・嵌合接合は、木材だけを切削加工して組み合わせ、接合を完了するものの総称である。図 4.2-1 に、この接合法による継手・仕口を例示する。また、図 4.2-2 は平ほぞを例にとって、胴付きに相当する部分と嵌合に相当する部分を例示した。

胴付き接合は、その名の通り、木材の板目や柾目面に木口面が接する場合を指し、単に直角切断された柱端部と横架材とが接触する接合部から、複雑な仕口加工の一部に木口面があり、それが直交する部材の板目面等（彫り込み加工した底面を含む）と接して接合するものである。単に胴付きとする接合部では、主に伝達できる力として圧縮力を意図しており、引張やせん断、曲げなど、他の力の伝達を期待するものではない。胴付き接合が圧縮力を受ける場合、部材それぞれの接触面におけるめり込み強度が直列に評価されることになり、その変形量は足し合わせとなる。

嵌合接合は、その名の通り、切削加工されて形作られた木質部材の端部あるいは中間部分を組み合わせ、嵌めあいによって組み立てを完了し、力を伝達する。この接合部で伝達可能な部材力は、圧縮、引張、せん断、曲げの各力であるが、部材端部を切り欠いて組み合うように加工することから、伝達できる力の大きさは、一般に母材断面に期待する強度を大きく下回る。また、部材中間部分への加工などが加わると、部材自体が持つ強度を引き下げてしまう可能性がある。

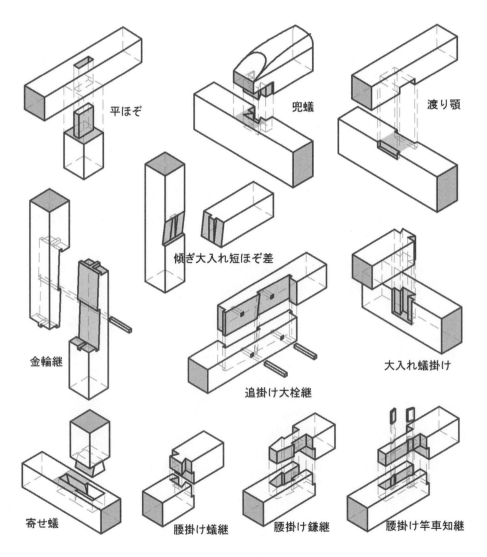

図 4.2-1 継手・仕口の基本形の例と組合せ例

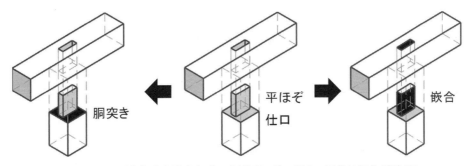

図 4.2-2 胴付き部分と嵌合部分の例（平ほぞの場合，黒塗り部分が該当）

　一般的に嵌合によって完成した接合部の中に空間が残ることはない．これは接合部として部材から伝達する圧縮力，いわば胴付き接合に対して少しでも多くの面積で抵抗するためであるが，木材繊維の方向によって変化する強度異方性の影響を少なからず受けることになる．
　胴付き・嵌合接合は，機械的な組み合わせによって2つ以上の部材を接合することから，短時間で組立てが完了して接合強度を発揮でき，また多くの場合，逆工程を経て解体することも可能である．この特性を積極的に利用したものが日本の軸組構法であり，部材間の初期接合強度をうまく利用することで，仮設資材を殆ど用いないで構造体の組み上げが可能になっている．一方，簡単に解体可能な接合部であるが故に，この胴付き・嵌合接合を利用して応力伝達したり外力に抵抗させたりする場合には，機械的解体の手順や方法と共通の機械的要素を持たせない，つまりは外力によって解体してしまわないようにすることが肝要となってくる．

4.2.2 接合部での強度伝達の例

　図 4.2-3 は，接合部にかかる外力とそれによって発生する局部的な応力を，腰掛け鎌継ぎ接合部と長ほぞ差し込み栓仕口を例にとって表したものである．それぞれの継手・仕口にかかる引張力は，機械的に嵌合した部分を介してもう一方の部材に伝達されている．

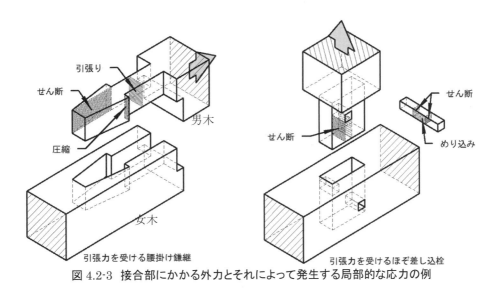

図 4.2-3 接合部にかかる外力とそれによって発生する局部的な応力の例

　腰掛け鎌継ぎ接合部に引張力がかかると，①男木：鎌頭のせん断，②男木：鎌頭の圧縮，③男木：鎌首の引張，④女木：鎌頭の圧縮，⑤女木：鎌首部のせん断の各部位の性能が，すべて直列形式で重合され，接合部全体の挙動となる．接合される部材の軸芯は一直線に重なっているが，腰掛け状の加工により，鎌形状の加工は接合される部材の上半分に限定されていることから，接合部に引張力がかかると，③付近を中心に上側に反るようなモーメントが二次応力として発生する．
　この接合部に曲げモーメントが作用する場合には，上に凸となる場合と下に凸となる場合で状況が異なる．上に凸となる場合には，部材下端の木口同士の接触部分が圧縮力の伝達を担い，部材上半分に加工された鎌首部分が引張力を負担する．一方，下に凸となる場合には部材下半分の木口同士は離れる方向の動きとなるために上半分の鎌継ぎ部分，具体的には鎌頭の先端木口の上側接触部分での圧縮力伝達と，鎌首部分の

下側の圧縮(②と同様)によってモーメント抵抗することになる.

また，この接合部に部材としてのせん断力が伝達される場合にも，その方向が重要になってくる．腰掛け鎌継ぎ接合は，男木が上側から真下に向かって移動することだけで嵌合して接合が完成する．そのため，下木となる女木側を固定して考えると，上木となる男木側から下向きのせん断力がかかる場合には，有効に力を伝えることができるが，男木側から上向きのせん断力を受ける場合には力を伝えられないばかりか，接合部が外れてしまうことになる．このような脱落を恐れて，鎌首部分などに側面から込み栓を打ち込む場合も考えられるが，その場合，母材断面の一部でしかない鎌首部分に，さらに断面欠損を加えることにもなるため，接合部として伝達させようとする力の大小関係を考慮して，込み栓の追加や寸法の調整を慎重に行う必要がある．

一方，ほぞ差し込み栓接合部では，ほぞ側の部材が離れていく方向の引張力を受けると，ほぞ差し部分で側面から打ち込まれた込み栓がせん断抵抗する．もちろん，この込み栓が投錨して力を伝達するほぞ側の込み栓穴から木口にかけては，木材繊維方向のせん断力がかかることになる．ほぞ穴側の部材では，込み栓を介して木材繊維直交方向の引き裂き力がかかる．このように，ほぞ側の部材に対してかかった力は，直列に組み合わされた各抵抗要素を介して，接合相手の部材へと伝達される．

この接合部に圧縮力がかかる場合は，図 4.2-2 で示したように主に胴付き部分での伝達が意図される．ほぞ穴が抜き通しではない留めほぞの場合などには，ほぞ先端部分での圧縮力伝達がされる場合もあるが，ほぞ穴側の部材の断面が更なる乾燥などで収縮すると，胴付き部分での圧縮力伝達が無くなり，ほぞ先端部分での圧縮力伝達が主体となる．この場合，ほぞ穴側の部材のほぞ穴底では，木材繊維直交方向の圧縮力がかかることとなり，留めほぞの長さが長い場合など，この局部的にかかる圧縮力を原因として割裂破壊が生じる場合がある．

また，この接合部にせん断力がかかる場合は，差し込まれたほぞ部分では繊維直交方向のせん断力を受けることになり，ほぞ穴側では受ける力の方向にもよるが，木材繊維方向の圧縮力から木材繊維直交方向の引き裂き力まで変化する．この場合，各部材における接触面のうち，有効な接合界面での受圧面積は，受力方向の投影面積となるが，伝達力の算定に当たっては木材繊維方向との関係に注意する必要がある．

4.2.3 接合部強度実験の例

以下，伝統的接合部の一つである，丸柱金輪継手の強度実験[8]を例に，強度発現及び破壊性状を紹介する．金輪継手は，略鎌系と呼ばれる継手の一つで，木材繊維方向に重ねた部材軸方向に接合部(部材端部の切削加工部分)をおおよそ二分する．継手部加工の概要と，柱接合部として使われた場合の伝達力のイメージを図 4.2-4 に示す．

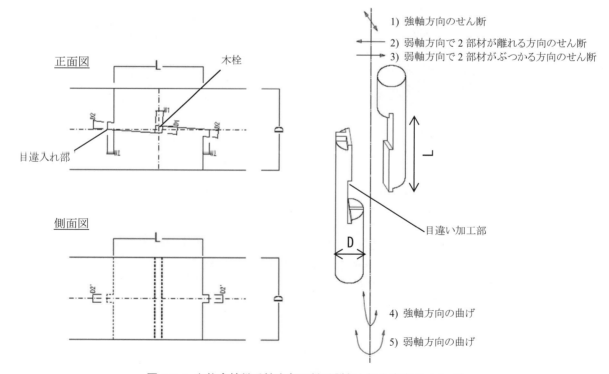

図 4.2-4 丸柱金輪継手接合部の継手詳細と加力方向のイメージ

接合されるそれぞれの部材が同じ形状に加工されているのも特徴であるが，材軸方向に切削された面は中央部で段差が設けられ，それぞれに傾斜がつけられている．接合は，段差部分をかみ合わせた後に，部材軸方向に相対的に近づく方向に移動させ，切削された接合面同士を更に接近させる．そうして嵌合した後，段差部分に残された空間に，木栓を打ち込み充填して接合が完成する．完成した接合部の中に空間が残らないため，一見して完全な一体化が図られているように見えるが，機械的接合部である以上は，接合界面での力のやり取りができない方向が存在する．複数の接合界面が組み合わされていることから，接合部全体として見れば，それぞれの強度伝達の能力の差として現れることになる．図 4.2-4 右では，1)強軸方向のせん断，2)弱軸方向で 2 部材が離れる方向のせん断，3)弱軸方向で 2 部材がぶつかり合う方向のせん断，4)強軸方向の曲げ，5)弱軸方向の曲げの 5 つの力を紹介しているが，この他に軸方向力として受ける 6)軸力(圧縮)と，7)軸力(引張)の違いもある．伝統的な架構では，柱梁接合部でのモーメント伝達はあまり期待されていなかったこともあって，継手など部材中間部での接合強度が不足する心配は少なかった．建物全体の耐震強度を高めるなど，木質構造体の補強方法によっては，継手や仕口等の強度が不足する事態も考えられるので，注意が必要である．

図 4.2-5 から図 4.2-17 は，異なる直径の丸柱(ケヤキ，部材径 333mm と 240mm)について行われた金輪継手接合部の接合部曲げ破壊加力実験の概要とその結果である．まず,部材径 333mm の接合部のない試験体の結果を図 4.2-6 と図 4.2-7 に示す．おおよそ一様な曲率の変形をした後に部材上面圧縮側で局部的な木材繊維の座屈が発生し，最終的には引張側繊維の目切れ部分周辺から曲げ破断した．

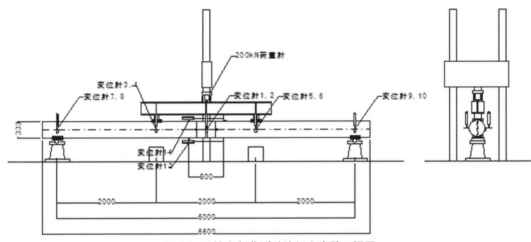

図 4.2-5　接合部曲げ破壊加力実験の概要
(図は部材径 333mm，強軸方向加力の場合)

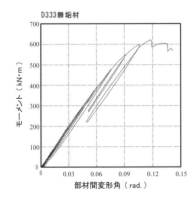

図 4.2-6　曲げ破壊加力のモーメント－変形角曲線
(接合部のない部材：部材径 333mm)

図 4.2-7　曲げ破壊加力の様子
(接合部のない部材：部材径 333mm)

次に接合部のある試験体の結果を示す．図 4.2-8 は部材径 333mm の曲げ加力強軸方向，図 4.2-9 は同弱軸方向の結果であるが，加力方向によって接合部の破壊性状に差があることが見て取れる．（加力方向については，図 4.2-4 参照）

最終破壊状況は，図 4.2-10 から図 4.2-12 に示したが，おおよそ接合部内部でのせん断破壊が最終破壊形式となり，目違い加工された部分を起点にして木材繊維に沿った割れが発生しているものが多かった．目違い加工部の大きさなど，接合部加工における各部の寸法については，各種建物の時代や様式，担当する大工等の慣習とも関係するが，接合部で受ける外力によって最適な寸法が変化する．なお，その最適寸法の決定には，接合する部材に使用する樹種の力学的特性が反映されることは言うまでもない．

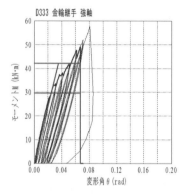

図 4.2-8 モーメント－変形角曲線
（接合部強軸方向：部材径 333mm）

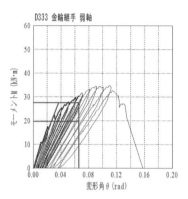

図 4.2-9 モーメント－変形角曲線
（接合部弱軸方向：部材径 333mm）

図 4.2-10 最終破壊状況
接合部内部でのせん断破壊
（接合部強軸方向曲げ加力：側面）

図 4.2-11 最終破壊状況
接合部内部でのせん断破壊
（接合部強軸方向曲げ加力：下面）

図 4.2-12 最終破壊状況
接合部内部でのせん断破壊
（接合部弱軸方向曲げ加力：側面）

図 4.2-13 と図 4.2-14 は，部材径 333mm と 240mm のそれぞれについて，接合部のない試験体（無垢材）の曲げ，接合部試験体の強軸曲げ（強軸），接合部試験体の弱軸曲げ（弱軸）の 3 つの試験結果を重ねて比較している．図中の水平線は，無等級のケヤキ材基準強度（29.4 N/mm²）から算出される無垢材の曲げ耐力であるが，接合部の存在によって伝達されるモーメントが大きく減じられてしまうことがわかる．

図 4.2-15 から図 4.2-17 は，接合部実験で見られたその他の破壊形式である．

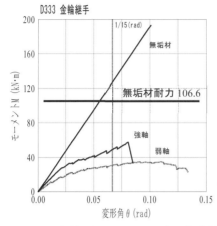

図 4.2-13　包絡したモーメント－変形角曲線
（曲げ破壊加力：部材径 333mm）

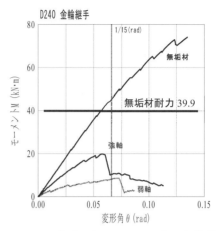

図 4.2-14　包絡したモーメント－変形角曲線
（曲げ破壊加力：部材径 240mm）

図 4.2-15　最終破壊状況
木栓のせん断破壊
（接合部弱軸方向曲げ加力：側面）

図 4.2-16　最終破壊状況
接合部外（写真の左側）への割裂
（接合部弱軸方向曲げ加力：側面）

図 4.2-17　最終破壊状況
接合部内部でのせん断破壊
（接合部弱軸方向曲げ加力：側面）

図 4.2-18 は，部材径 240mm の丸柱（ケヤキ）について行われた金輪継手接合部の接合部せん断破壊加力実験の概要とその結果である．加力は，逆対称 4 点加力形式で行い，強軸せん断と弱軸せん断（2 部材が離れる方向）に相当する 2 方向について行った．（加力方向については，図 4.2-4 参照）

最終破壊形態は，強軸方向せん断加力の場合には継手加工部先端の引っ掛かりに相当する目違入れ部分から母材側に割裂が進展し，弱軸方向せん断（2 部材が離れる方向）加力の場合には継手加工部先端目違入れ部分から母材側に進展した割裂が接合部中央の目違い部分に達したところで完全に分離した．

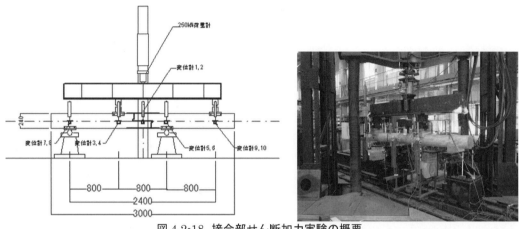

図 4.2-18 接合部せん断加力実験の概要
（部材径 240mm，弱軸方向加力）

図 4.2-19 最終破壊状況
継手加工部先端目違入れ部からの割裂進展
（接合部強軸方向せん断加力：側面）

図 4.2-20 最終破壊状況
接合部の完全分離
（接合部弱軸方向せん断加力：側面）

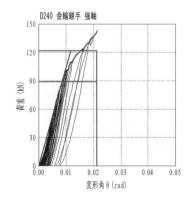

図 4.2-21 荷重－変形角曲線
（接合部強軸方向せん断：部材径 240mm）

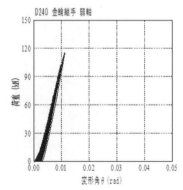

図 4.2-22 荷重－変形角曲線
（接合部弱軸方向せん断：部材径 240mm）

図 4.2-23 から図 4.2-25 は，接合部せん断加力実験で見られたその他の破壊形式である．

図 4.2-23 最終破壊状況
継手加工部先端目違入れ部の折損と
継手加工部元側目違からの割裂進展
（接合部強軸方向せん断加力：側面）

図 4.2-24 最終破壊状況
大栓のせん断破壊と
継手相互の目違い部の割裂分離
（接合部弱軸方向せん断加力：側面）

図 4.2-25 最終破壊状況
継手加工部先端側目違い部分の割裂分離
（接合部弱軸方向せん断加力：側面）

【参考・引用】
1) 清家清：日本の木組，淡交社，1979
2) 内田祥哉：在来工法の研究 木造の継手仕口について，(財)住宅総合研究財団，1993
3) 田處博昭：木造建築の木取りと墨付け，井上書院，2001
4) 住吉寅七，松井源吾：木造の継手と仕口，鹿島出版会，1989
5) 河合直人：地震に強い[木造住宅]マニュアル，建築知識，1996
6) 軽部正彦：和風の継手と仕口，改訂 4 版 木材工業ハンドブック，丸善，2004
7) 軽部正彦，安村基，小松幸平，中島史郎，鴛海四郎：学びやすい構造設計シリーズ 木質構造の設計，日本建築学会関東支部，pp. 61-89, 2008. 1
8) 平成 21 年度・重要文化財輪王寺本堂耐震専門診断報告書・(宗)日光山輪王寺，2009

4.3 曲げ降伏型接合具

4.3.1 はじめに

木質構造の接合部に用いられる接合具の多くは，円形断面などの均一な断面を有し，接合具の軸に対して直角方向の荷重（せん断力）を伝達する．その際，接合具側面が木材にめり込むと同時に，接合具自体が曲げ降伏を生じることから，これらの接合具を総称して「曲げ降伏型接合具」としている．図 4.3-1 に木材同士を木ねじで接合した場合の例を示す．この接合部にせん断力が作用した場合には，主材および側材内部で木ねじが曲げ変形して塑性ヒンジを形成し，2 部材の境界では木材のめり込みが生じるとともに，木ねじのネジ部が引き抜けに対して抵抗するため，ねじ頭のめり込みが生じる．本節では，このような曲げ降伏型接合具について，施工時および外力が作用した時の挙動について解説する．

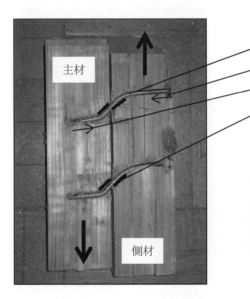
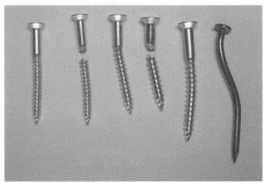

図 4.3-1 接合具の変形，破壊の様子

4.3.2 接合具の種類

木質構造で用いられる主な曲げ降伏型接合具としては以下のものが挙げられる．

くぎ　　　　木材同士の接合や，合板など面材料との接合，木材と金物の接合に用いられる．木造軸組構法では N くぎが，枠組壁工法では CN くぎが，金物用には ZN くぎが主に用いられており，いずれも JIS 規格に定められている．径および長さは小さいものが多い．リングネイルやスクリューくぎなど，胴部形状に工夫を施したものもある．玄能などで木材に打ち込んで使用する．先穴は基本的に不要であるが，製材の端部に打ち込むときなどで木材の割れを防ぐためには先穴を設けたほうがよい．主としてせん断力を伝達する．引き抜きに抵抗させることはできるだけ避ける．

ボルト　　　木材同士の接合，木材と金物との接合に用いられる．大断面集成材構造などの大規模木造建築においても頻繁に用いられている．ほかの接合具に比べ径および長さは大きく，先孔を設けて施工する．材料は SS400 が一般的に用いられているが，高い接合性能を要する接合部においてはハイテンションボルトが用いられることもある．ただし，木材の割裂など脆性的な破壊が生じることに留意する必要がある．木材を側材に用いる場合は，頭部のめり込みを防止するために，適切な寸法の座金を必要とする．

ドリフトピン　　　ボルトと同様に径および長さは大きく，先孔を設けて施工する．形状は円筒形で，施工性を良好にするために先端がわずかに細くなっているものが多い．使用中に脱落するおそれがある．鋼板挿入形式以外の接合では，部材同士の開きを防止するためにボルトなどを併用する．

木ねじ・ビス　　　木材に対してめねじを形成しながらねじ込まれる．くぎと同程度の寸法のものが一般的であるが，最近では径・長さの大きいものも用いられるようになってきている．先穴が必要なものと不要なものがある．「コーススレッド」と呼ばれる造作用ビスは折れやすいものが多く，構造用とは区別すべきである．

ラグスクリュー　　ボルトと同様に六角頭を有しているが，先端がとがっており，木ねじやビスのように木材にねじ込んで使用する接合具である．コーチスクリュー，コーチボルト，ラグボルト，などの名称が用いられているが，本会規準では「ラグスクリュー」の名称を採用している．JIS 規格は無いため，海外規格などに準じて製造される．ボルトに近い材質，寸法のものが用いられている．先穴を設ける必要がある．なお，ラグスクリューボルトは，4.7 節に示すように，異なる接合具である．

木栓　　　　　　　伝統構法などで用いられる接合具であり，木材を円柱（丸棒）状，角棒状などに加工して用いられる．カシやクリなどの堅木（広葉樹）が用いられることが多い．木栓，木ダボ，込み栓などの名称がある．

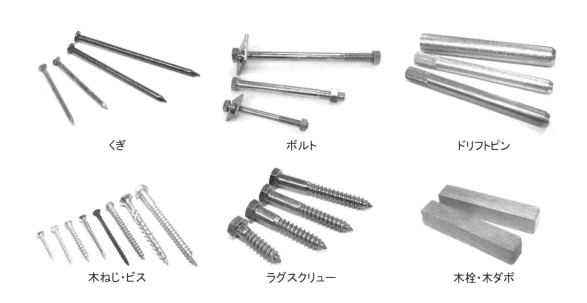

図 4.3-2　接合具のいろいろ

4.3.3 接合具に生じる力の種類

接合具に生じる力としては，大きく分けて施工時に生じる力と，使用時に生じる力の2種類が挙げられる．施工時に生じる力は，接合具の種類と施工法によって異なる．

くぎ接合の場合は打ち込み時に軸方向の衝撃力が作用する．密度の高い木材にくぎを打ち込む際，くぎが座屈を生じて曲がってしまうこともある．また，通常は先穴を設けずに施工するため，木口までの距離が短いときには，打ち込み時に木材の割れが生じるおそれがある（図 4.3-3）．縁端距離が小さい場合や接合具径が大きい場合においても，木材の割れが生じやすい．木材の割れが生じると剛性と耐力の低下を招くおそれがある．

ビス接合やラグスクリュー接合の場合はねじりトルクが作用する．先穴を設けずに打ち込む際，ねじ切れが生じるおそれがあるため，熱処理により強度を持たせている製品が多い．また，インパクトドライバーによる打ち込みによってビスの降伏が生じる場合があり，特に大型のスクリューを施工する際にはドライバドリルの使用が推奨されている．さらに，頭部が側材に接した後もねじ込み動作を続けると，ビスに過大な引張力が作用し，ビスの破断（頭とび）や主材ねじ部の破壊（空回り）につながる（図 4.3-4）．木材の割れについてはくぎと同様であるが，木材の割れを生じにくくする加工を施したビスもある．

ボルト接合の場合はナットの締め付け時にボルトに引張力が作用する．過度の締め付けは座金のめり込みが進行するため禁物である．

ドリフトピン接合では施工誤差などがなければ，施工時に作用する力は考えなくてよい．

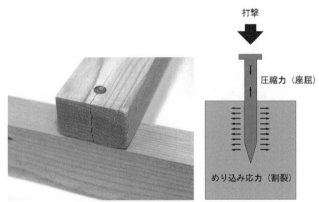

図 4.3-3 くぎの打ち込みと内部応力

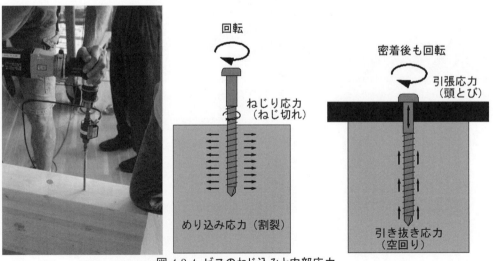

図 4.3-4 ビスのねじ込みと内部応力

使用時に生じる力は，その接合具が構造設計上負担すべき力と，二次応力などのその他の力に分けられるが，主なものは前者であり，せん断力と引張力の2種類に分けられる．接合部にせん断力が作用した場合，接合具の断面に作用するせん断力だけを考慮すればよいというわけではない．木材の接合部にせん断力が作用すると木材への接合具のめり込みが生じ，接合具には曲げモーメントも作用する．したがって，接合部の剛

性や耐力を計算する際には，接合具に生じるこれらの応力を考慮する必要がある．一般に，曲げ降伏型接合具を用いた接合部においては，すべり剛性の計算には「弾性床上の梁理論」を，降伏耐力の計算法には「ヨーロッパ型降伏理論」を用いることができるので，文献[1,2]を参照されたい．

4.3.4 接合具の形状・種別・施工法と破壊の関係

　曲げ降伏型接合では，接合部に作用するせん断力によって接合具が木材へとめり込む．主材厚 l と接合具径 d の比（l/d）を径長比とすると，径長比が小さい場合には木材に対する接合具のめり込み降伏のみが生じるが，径長比が大きくなると木材の内部で接合具が曲げ降伏し，塑性ヒンジを形成する．同じ長さであれば接合具径を太くすることにより高い剛性・耐力を発揮することができるが，接合具の曲げ降伏が生じないため，木材の割裂などによる脆性的な破壊につながるおそれがある．接合部の靭性を発揮させるためには，接合具径を小さくすることにより曲げ降伏を生じさせる設計にするとよい．その場合は接合具1本あたりの剛性・耐力が小さくなるため，縁端距離に配慮しながら，接合具本数を多くする必要がある．

　接合具の変形，破壊の様子を図 4.3-5 に示す．接合具の破壊形態は①引き抜け，②パンチングアウト，③接合具の破壊（曲げ破壊，引張破壊，せん断破壊，曲げ疲労破壊，頭とび）に加え，④母材の破壊（割裂破壊，せん断破壊）が挙げられる．以下，各接合具に特徴的な破壊性状を示す．

```
くぎ         ：曲げ変形，引き抜け，パンチングアウト，打ち込み時の母材の割れ
              ※鋼板添え板接合の場合：頭とび，繰り返し加力の場合：破断
ボルト       ：曲げ変形，座金のめり込み，母材の割裂
              ※引きボルト接合の場合：引張降伏→破断
ドリフトピン ：曲げ変形，脱落，母材の割裂

木ねじ・ビス ：曲げ変形，引き抜け，パンチングアウト，破断，打ち込み時の母材の割れ
              ※鋼板添え板接合の場合：頭とび
木栓・木ダボ ：曲げ変形→曲げ破壊，せん断破壊
              ※引張接合の場合：引張破壊
```

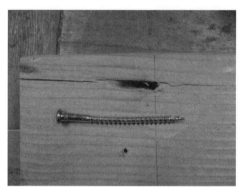  

①引き抜けおよび④母材の割裂破壊　　　　③頭とび　　　　　　　④母材のせん断破壊

図 4.3-5　接合具の変形，破壊の様子

　接合部の縁端距離や接合具間隔が不足する場合には，木材の割裂やせん断，集合型せん断破壊が生じる．特に木材の割裂は，木材の繊維に対して直交方向の力が作用したときに生じやすい．ボルト接合における座金寸法や，くぎ・ビスなどにおける頭部径が不足する場合には，座金のめり込みやパンチングアウトが生じる．

　上記の破壊形態によらない場合，くぎ・ビス接合では引き抜けにより破壊に至ることが多いが，引き抜き抵抗が大きい場合や，鋼板添え板ボルト接合のように頭部のめり込みが生じることのない場合には，最終的に接合具の破壊が生じる．接合具の破壊は主材・側材内部における塑性ヒンジの位置や，主材と側材の境界面付近で生じることが多い．また，接合部に正負繰り返し荷重が作用すると，一方向に荷重が作用したときと比較して小さいせん断変位において接合具の破壊に至る．

4.3.5 木栓の品質と先行破壊

木栓(木ダボ,込み栓など)は,伝統建築をはじめとする各種木質構造において,金物を使用せずに接合部を構成することができる接合具である.木栓接合のみで接合部を構成する場合と,継手や仕口加工と併用する場合の2つが挙げられる.主として2部材間に生じるせん断力の伝達を担うが,接着を行うことにより引張力の伝達を担うこともある.木栓を用いた接合部のすべり剛性・降伏耐力の計算についての詳細は木質構造接合部設計マニュアル[2]を参照されたい.

木栓を接合具として使用する際は,その品質に特に留意する必要がある.木栓に使用される樹種としては,広葉樹ではカシやクリ,ハードメープルなどの堅木が挙げられる.また,針葉樹ではヒノキなどを用いるほか,母材の共材を用いることもある.いずれも木理が通直で目切れや節などがないものが原則である.木栓の変形と破壊について図 4.3-6 に示す.木栓の横圧縮強度が小さい場合は,木栓自体の面圧応力による変形を考慮する必要がある.これらの欠点は接合部の性能を著しく低下させるおそれがある.また,木栓を用いた接合部にせん断力が生じると,くぎやボルトなどの鋼材と異なり,木栓自体が水平せん断により破壊する挙動が観察される.ただし,水平せん断破壊が生じても引き続き面圧応力を負担することは可能なため,すぐに耐力低下に至るわけではない.最終的には部材同士が乖離するか,木栓の曲げ破壊が生じることで接合部の終局に至る.

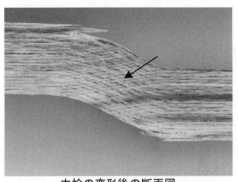

木栓の変形後の断面図
水平せん断破壊(中央部分,矢印)と木栓の曲げ破壊(引張側の繊維の破壊)

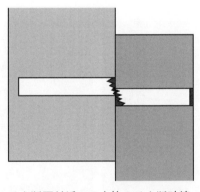

せん断面付近での木栓のせん断破壊

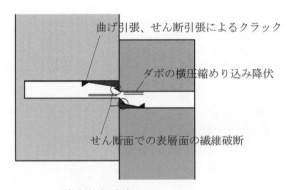

複合的な破壊

図 4.3-6 木栓の変形と破壊[2]

4.3.6 先孔・彫り込み準備加工の有無とガタつき・初期滑り

　ボルト，ドリフトピンおよび木栓を接合具に用いる場合は，母材に対してあらかじめ先孔を設けておく必要がある．先穴を設ける場合，先穴の精度によって初期剛性が大きく変動する．特に，複数本の接合具を用いた鋼板添え板形式や鋼板挿入形式を採用する接合部では，クリアランスを設けないと施工自体が困難となるため，初期ガタをなくすことは難しい．木材同士の接合などでは，現場にて2部材の位置を合わせた後に穴あけを行うことで初期ガタを抑えることが可能である．

　鋼板添え板ビス接合の場合には，鋼板に先孔を設ける必要があるが，先孔の大きさはねじ部の外径（ねじ山径）より大きくする必要性に加え，多くの場合，胴部径がねじ山径より小さいため，結果として鋼板と胴部にはクリアランスが存在する．ビスの打ち込み時は締め付け力による摩擦力が生じているために，小さな荷重に対してクリアランスによる不具合は生じにくいが，時間の経過とともにビスが緩んだり，地震などの外力により接合部にせん断力が加わると，クリアランスによるすべりが生じたりする．図 4.3-7 は先孔径 7mm の鋼板に対し胴部径 5.5mm のビスを打ち込んだ鋼板ビス接合部の一面せん断試験における，荷重と鋼板-木材間の相対変位の関係を示している．クリアランスが 1.5mm 程度となることから，この例では正方向加力時において S 字状の荷重変形関係を示していることがわかる．

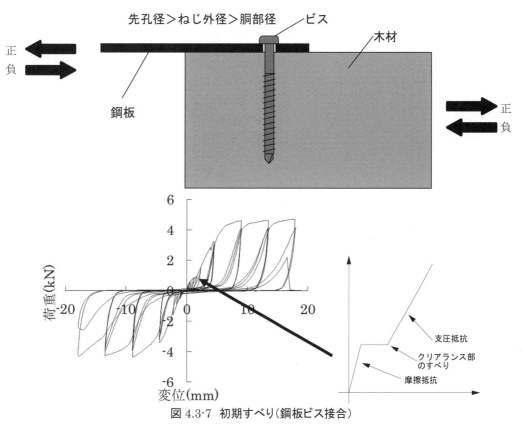

図 4.3-7　初期すべり（鋼板ビス接合）

【参考・引用】
1) 日本建築学会：木質構造設計規準・同解説, 2006
2) 日本建築学会：木質構造接合部設計マニュアル, 2009

4.4 柱脚・柱頭金物
4.4.1 実験の破壊例

日本住宅・木材技術センターの木造軸組工法用金物（Zマーク表示金物）規格[1]には，柱頭柱脚を補強する金物として，かど金物 CP·L, CP·T，山形プレート VP がある．前者は太めくぎ ZN65 を柱側と横架材側それぞれ 5 本ずつを使って接合しているが，後者は ZN90 を柱側と横架材側それぞれ 4 本ずつを使って接合している．これらの金物と同等の品質・性能を有すると認定された同等認定金物（Dマーク表示金物）が数多くあるが，そのうちの 1 つは基材にステンレスを用いて金物強度を下げることなく薄くすることに成功し，さらには長さ 45mm の専用ステンレスビスを柱側と横架材側にそれぞれ 3 本ずつを使って接合している．

これらはすべて同程度の強度と機能を期待する金物であるが，使用する接合具の本数と長さよって，施工性や終局破壊形態に違いが出ている．ZN65 では片側 5 本が必要であるが，線径が太く長さも長い ZN90 を用いることにより金物の大きさを小さくするとともに，本数を減らすことに成功している．しかし，線径が太く，そして長くなったことで，木材への打ち込みに施工技量と体力が必要になり，また母材が割れてしまうことが多くなっている．強度的に問題とならない程度の割れであっても，仕上げの面で問題視される場合も多い．一方，同等金物では，金物の厚みを少なくすることにより，外壁下地材などの取り付けの際に，厚さ調整などの追加加工を省略できることから，施工上の利便性が向上している．また，専用のステンレスビスを用いることで，ZN90 の 4 本よりもさらに少ない 3 本にすることが可能であり，施工時に電動工具を利用することで省力化と現場の低騒音化に貢献している．また専用ビスの形状の工夫によって，施工時の割れも軽減されている．なお，機材がステンレスの場合には，鉄製のくぎなど，異なる金属の接合具を組み合わせて使用すると，腐食電池が形成されて予想以上に早期の腐食が発生する場合があるので注意が必要である．

以上の 4 種の金物について，横架材の中間部分に柱が取り付く形（中柱形式）と，平面の隅角部で横架材の端部に柱が取り付く形（隅柱形式）の試験体をそれぞれ 3 体作製し，単調引張加力によって破壊に至らしめた．図 4.4-1 は中柱形式の引張試験の概要と結果であるが，金物種類によって繰り返しとなる 3 体の荷重変形曲線のバラツキに大小があり，同様の性能を期待する金物であっても，荷重変形曲線はそれぞれ異なった形になっている．これは，接合部の破壊と密接に関係しているが，補強金物として期待される強度範囲では，弾性的な挙動を示すと共に荷重変形曲線も近しいものとなっている．

最終破壊形状を図 4.4-2 から図 4.4-5 に示す．横架材の上下に管柱が取り付く場合など，柱頭と柱脚のそれぞれに付けられた金物の干渉を避けるために，横架材に取り付く金物の大きさは，横架材せいの半分以下（最小の横架材として 105mm 正角を想定する場合には 52.5mm 未満）とならざるを得ず，最終破壊形態として横架材を割裂く形式が多くなる傾向にある．金物が大きく変形している試験体では，金物が塑性変形することで接合部としての変形能力を獲得しているものも多い．接合具が大きく曲がったり，抜け出したりすることによって変形能力を獲得しているものもある．最終破壊形態として，横架材が割裂したり，金物が引張破断して二分されたり，接合具が首下や胴の部分から破断したりすることは，急激な荷重低下が生じる点で好ましくないが，十分な塑性変形の後の破壊であったり，許容応力設定において強度的な余裕を大きく設定することで，一定の安全を担保しようとしている．

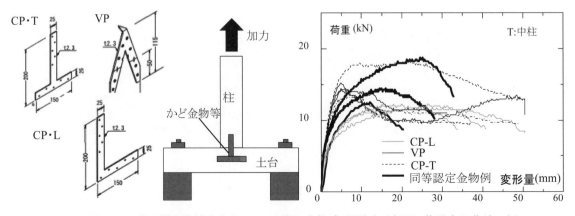

図 4.4-1 柱頭柱脚を補強する Z マーク表示金物[1]，試験方法概要，荷重変形曲線の例

図 4.4-2 CP・L 金物の最終破壊形態
(金物が引き伸ばされ,接合具が抜け出す)

図 4.4-3 VP 金物の最終破壊形態
(太い接合具が土台を割裂く)

図 4.4-4 CP・T 金物の最終破壊形態
(金物が引き伸ばされ,接合具が抜け出す)

図 4.4-5 同等認定金物の例の最終破壊形態
(下側接合具位置の木材に沿って裂ける)

　また,前記 Z マーク表示金物の中には引寄せ金物もある.使用する位置の納まりに適応できるよう金物形状を変化させると共に,抵抗させる柱引き抜き力の大きさに合わせて使用する接合具の種類や数を変えたものがある。図 4.4-6 に引き寄せ金物の例と試験方法の概要を,図 4.4-7 に 10kN 用と 25kN 用の各種引き寄せ金物について,荷重変形曲線を示す.破壊形態としては,①金物の変形,②金物の破断,③接合具の変形,④接合具の抜け出し,⑤接合具の破断,⑥接合具配置に沿った木材の割れが見られる.図 4.4-8 に 25kN 用の引き寄せ金物破壊形態を,図 4.4-9 にその拡大図を示す.10kN の金物と比較して,単純に接合具配置に必要な分だけ延長したことにより,母材破断してしまうものが増え,溶接部がはがれてしまう場合も現れる.また評価対象の接合部の荷重容量が大きくなると,試験体を固定し加力する側の接合部(掴み部分)の強度を超えて破壊してしまう場合(図 4.4-8 左下)があり,正しい強度評価ができない場合も出てくる.この場合,評価対象部位の強度は見かけの強度評価よりも大きくなり安全側の評価となるが,評価対象部位以外の破壊部位へ変形が集中してしまうため,評価対象の接合部で記録される変形量が小さくなり,接合部の評価に変形量を加味する場合には注意が必要である.

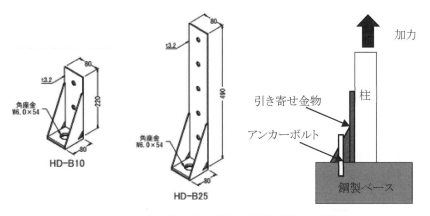
図 4.4-6 引き寄せ金物の例 [1],試験方法概要

—84— 木質構造部材・接合部の変形と破壊

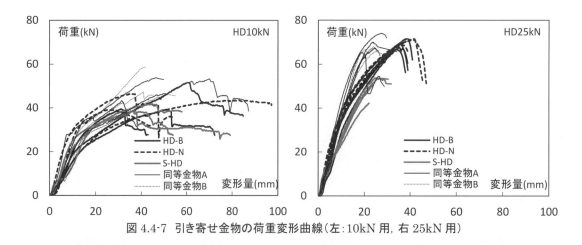

図 4.4-7 引き寄せ金物の荷重変形曲線(左:10kN 用, 右 25kN 用)

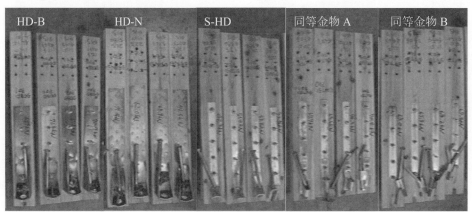

図 4.4-8 引き寄せ金物の最終破壊形態の例(25kN 用)

くぎの破断

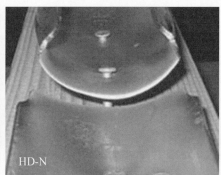
金物の母材破断

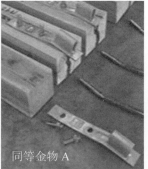
接合具配置に沿った
木材の割裂やボルトの破断

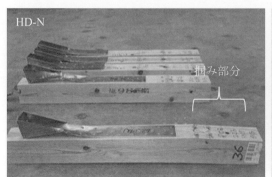
試験体固定側接合部(掴み部分)の破壊

溶接部の剥離

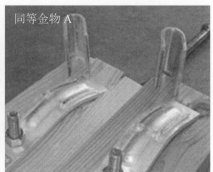
溶接部の剥離

図 4.4-9 各種引き寄せ金物接合部の最終破壊形態の例

4.4.2 面内せん断試験における柱脚・柱頭仕口

　新しい鉛直構面(耐力壁)や水平構面(床)の構造特性を評価する場合には,「木造軸組工法の許容応力度設計(2008 年版)」[2]に記載されている柱脚固定式の面内せん断試験方法が適用されることが多く, その仕口は, 試験体の浮き上がりを抑制するために, 図 4.4-10 左に示すような引き寄せ金物が用いられる. この引き寄せ金物は, 六角ボルト(M16)を用いて土台を貫通し, 基礎に相当する試験機の鉄骨フレームと緊結する. 構面としての性能評価が目的であることから, 通常は, 例えば, 合板耐力壁では終局耐力を越えて面材を留めつけたくぎのせん断破壊が発生するような状態まで構面をせん断変形させて評価することが重要であるので, 仕口接合部が先行破壊しないように靭性のある高耐力の引き寄せ金物が用いられるが, 耐震補強のような実際の施工に則した接合部の補強方法を整備するような場合には, 図 4.4-10 右に示すように, その施工マニュアルに掲載する接合金物によって試験体の仕口を補強して試験を実施することもある.

図 4.4-10 引き寄せ金物による仕口の補強
(左:S-HD15 よる柱脚の補強, 右:性能認定金物(15kN)による柱頭の補強)

　通常の耐力壁の破壊性状に関しては, 5.1 節, 5.2 節を参照いただくとして, 本項では, 各種接合金物で耐震補強した耐力壁及び床構面の面内せん断試験における仕口の破壊性状を例示する. 面内せん断試験では, 図 4.4-11 に示すように, 終局時の耐力壁の柱(水平構面の場合は桁又は梁)と土台や桁の各仕口(A, B, C, D)には, 水平荷重(P)により, 引張力(←・→)又は圧縮力(→・←)が作用する. そこで, 各仕口(A, B, C, D)の破壊状況写真及びその試験体の荷重－変形角曲線(以下, $P-\delta$ グラフとする)を示し, 仕口の破壊状況を壁・床の耐力性能等を踏まえて解説する. なお, 合板にくぎを密に打つなどした高耐力の壁に対して適切な接合耐力を備えていない接合形式を選択した場合には, その壁が本来有する耐力を発揮することなく, 柱脚柱頭の接合部が先行破壊することは言うまでもなく, 本節で示すような破壊が実務で生じない設計とするのが通常であることに留意いただきたい.

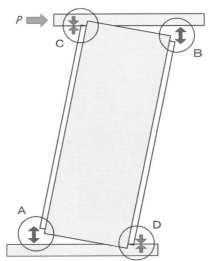

図 4.4-11 水平力 P によって柱頭・柱脚に作用する力(終局時)

(1) 仕口 A の破壊状況について

仕口 A は，加力側の柱脚接合部であり，試験の終局変形時において，引張荷重により，①接合金物の損傷，②接合具の抜け・破断，③土台の曲げ・割裂，④柱の破断・割裂にパターン化される．

①接合金物の損傷

図 4.4-12 は，筋かい耐力壁で確認された引き寄せ金物(S-HD15)の破壊状況と $P-\delta$ グラフである．終局変形時，引き寄せ金物は，腰折れ状態となったが，溶接部のはく離は生じていない．金物は柱にくい込み，試験フレームと緊結している六角ボルト(M16)の首も折れ曲がっている． $P-\delta$ グラフより，最大荷重は約 22kN であり，試験体の縦横比が 3 であるため，引き寄せ金物には 66kN 程度の引張力が生じる計算となる．図 4.4-9 の引き寄せ金物単体の試験では 50kN を超えたあたりから溶接部分がはく離していたように，当該試験でも同程度の引張力が作用した際には，溶接部がはく離する破壊状況も数多く確認されている．

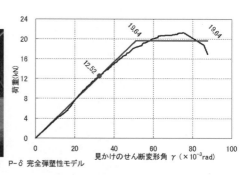

図 4.4-12 引き寄せ金物(SH-15)の溶接部の変形・めり込み，柱ほぞの曲げ

図 4.4-13 は，2 種類のステンレス製のプレート金物(左写真：板厚 0.6mm，短期基準耐力 8.4kN，右写真：板厚 0.5mm，短期基準耐力 7.2kN)を仕口の表裏に留めつけたもので，両プレートは専用のビス(左写真：径 5.5mm×長さ 45mm，右写真：径 5.5mm×長さ 43mm)で柱・土台に緊結されている．通常の面内せん断試験では，このような柱脚補強は行われないが，この仕口では，15kN の引き寄せ金物の代わりの補強としたものである．終局変形時，ステンレス製プレート金物は，ビスがパンチングアウトし，そのビス穴からプレートが破断した．ビスは柱と土台共に抜けておらず，ビスの引張耐力に対してプレートの厚さ不足の感がある． $P-\delta$ グラフは，1/15rad を超えても荷重の低下は見られず，パンチングアウトの影響で荷重が上下している．グラフ上の最大荷重は 4.4kN で，試験体の縦横比 3 より接合部に作用する引張力は 13.2kN と算定され，ステンレス製プレート金物 2 枚分の合計耐力 15.6kN に及ばない結果となった．

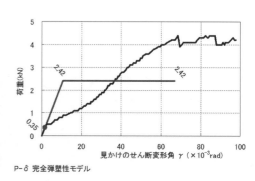

図 4.4-13 ステンレス製接合金物の破断，パンチングアウト，柱ほぞの曲げ

②接合具の抜け・破断

図4.4-14は，柱頭・柱脚を長ほぞ差し＋込み栓打ちとし，柱頭はかど金物(CP・L)，柱脚はかど金物(CP・T)で補強したものである．本試験は，旧公庫仕様書に準じて耐力壁が取り付く柱脚・柱頭の補強を確認したものである．主な破壊状況は，かど金物(CP・T)の太めくぎ(ZN65)の抜け，くぎ・込み栓による土台の裂き割れである．たすき掛け筋かい壁(倍率 4)は，圧縮方向の筋かいの座屈，引張方向の筋かい端部の柱脚からの抜けも共に小さいことから壁のせん断性能が発揮されていない．試験結果は，壁のせん断性能より接合部の引張性能が劣っており，接合部の先行破壊を防ぐ接合金物としては性能不足であることを示している．また，試験結果から算定した倍率も規定の倍率に及ばない．$P-\delta$グラフにおいて，最大荷重は 4kN，最大荷重時の変形角は 1/33rad であった．かど金物(CP・T)による仕口の補強は，くぎが抜けてしまうことから，十分な変形性能を有する接合部は構成し難い．平 12 建告 1460 号の施行後，旧公庫仕様書は当該告示に合致するよう改訂されたため，かど金物(CP・T, CP・L)，山形プレート(VP)等くぎを用いる接合金物で補強可能な耐力壁の倍率は 2 程度である．

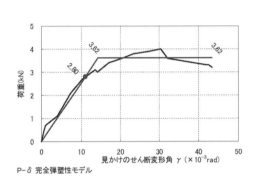

図 4.4-14 かど金物のくぎ(ZN65)の抜け，くぎ・込み栓による土台の裂き割れ

図 4.4-15 は，柱脚の引き寄せ金物を試験加力フレームに緊結した六角ボルト(M16)の破断である．最大荷重24kN を得た以降荷重は低下し，1/15rad 付近で六角ボルト(M16)が首下から破断した．試験体の縦横比が 3 であるため，六角ボルト(M16)には 72kN 程度の引張力が生じる計算となる．六角ボルト(M16)はZマーク表示金物であり，JIS B 1180 に規定している強度区分 4.6 に該当し，その最小引張荷重は 62.8kN である．よって，試験体の縦横比を 3 とした場合，水平荷重が 20kN 以上となる可能性が高い耐力壁には，S45C 等の高力ボルトを用い，柱脚金物も実験によって溶接部のはく離，破断が生じないことが確認された引き寄せ金物を選択する必要がある．

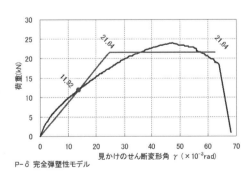

図 4.4-15 引き寄せ金物用アンカーボルト(M16)の破断

③土台の曲げ・割裂

　図 4.4-16 及び図 4.4-17 は, 柱脚を土台に引き寄せ金物(SH-15)と座金付ボルト(M16-W)で緊結し, 土台をアンカーボルト(M16)と角座金(W6.0×80)で試験フレームに緊結した場合に生じた土台の破壊状況である. 図 4.4-16 は筋かい(45×90mm)をたすき掛けとし, 構造用合板を両面打ちした壁(倍率5相当)の高倍率の壁であり, 平 12 建告 1460 号では基礎からのアンカーボルト(M16)が要求される. 図 4.4-17 は, 片筋かい(45×90mm)を壁の高さ方向 3 分割にして圧縮に効かせた壁(倍率2相当)なので, 平 12 建告 1460 号では基礎からのアンカーボルト(M16)が要求される箇所もあるが, 座金付ボルト(M16-W)以下の仕様でも対応可能である. しかし, 耐力の決定要因は壁の面内せん断性能であるべきなので, 座金付ボルト(M16-W)を用いて柱脚を補強する場合, 土台の曲げ・せん断を検討すべきである.

  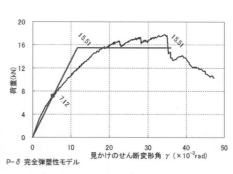

図 4.4-16　アンカーボルト(M16), 座金付ボルト(M16W)による土台の裂き割れ

  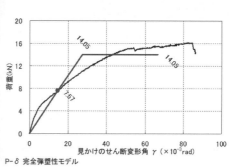

図 4.4-17　アンカーボルト(M16), 座金付ボルト(M16W)による土台の裂き割れ

　図 4.4-18 は, 既存木造住宅の耐震補強を目的として開発された耐力壁で, 既存躯体を 2.3mm 鋼板で補強した真壁である. 施工マニュアルに従って, 横架材との接合部に短期基準耐力 15kN のビス留め式の接合金物を使用して試験したところ, 破壊は土台に留めたビス(径 6mm×長さ 100mm)3 本に作用した引張力により土台が持ち上げられるように割裂した. このような割裂の原因の一つはビス間隔が狭いことにある. 間隔の狭いビスが木材を繊維直交方向にこじ開けた格好である. $P-\delta$ グラフにおいて, 最大荷重時の変形角は 1/50rad であり, 1/30rad を越えるような終局変形性能は得られなかった.

  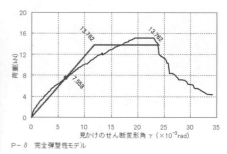

図 4.4-18　多本数の長ビスによる土台の割裂破壊

④柱の破断・割裂

図 4.4-19 は，筋かい耐力壁に合板面材を張り付けた仕様である．壁のせん断変形に伴い，引き寄せ金物（S-HD15）を柱に緊結した六角ボルト（M12）付近に曲げモーメントが生じ，角座金（W4.5×40）が柱にめり込み，その部分から柱が折れるように割裂したものである．また，土台も筋かい金物のビスに作用する引張力で繊維直交方向に引き裂いている．$P-\delta$グラフより最大荷重 19.5kN，最大荷重時の変形角は 1/39rad であり，破壊状況は 1/40rad を過ぎたところで土台の割れが生じ，1/30rad 付近で柱が曲げ破壊し，一気に荷重が低下した．この仕様は，たすき掛け筋かい＋構造用合板片面張りの高倍率仕様（倍率4.5相当）の壁である．このような壁自体の剛性が高く，柱脚部の補強効果も高い場合，柱の割裂が生じる場合がある．

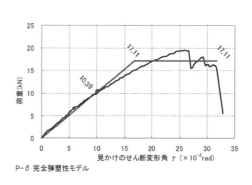

図 4.4-19 引き寄せ金物の六角ボルト（M12）による柱の割裂破壊

(2) 仕口 B の破壊状況について

仕口 B は，仕口 A の対称となる柱頭接合部であり，仕口 A と同様に柱脚部には引張力が作用する．仕口 A では，土台が試験フレームに拘束されているため，水平荷重を受けた際，柱脚の浮き上がりが明確であるが，仕口 B は桁がフリーで柱頭に追従することから，その相対変位は，仕口 A に比べて小さい．当該仕口の破壊状況は，試験の終局変形時（1/15rad）において，①接合金物の変形，②仕口の形状による部材の割れが見られる．

① 接合金物（筋かい金物）の変形

図4.4-20は，たすき掛け筋かいの端部である．$P-\delta$グラフより，最大荷重は約11kN，最大荷重時の変形角は 1/36rad であった．仕口部分は，引き寄せ金物（S-HD15）で補強しているため，柱頭と桁との変位は小さく，柱の幅芯で回転を起こすように，柱頭木口の筋かい側は桁にめり込み，反対側は桁との隙間が生じている．筋かいの留め付けには厚さ1.2mmのビス留めの金物を用いており，筋かいに作用する引張力で金物が変形し，筋かいにはビスによる割れが生じている．

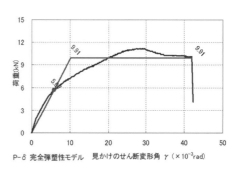

図 4.4-20 筋かい金物の変形・筋かい端部の引き抜け破壊

② 床組仕口（大入れ蟻掛け）の割れ

図 4.4-21 は，面材やブレース等のせん断要素を除いた床組フレームの面内せん断試験である．P－δグラフより，1/10rad 時でも荷重の低下は見られず，その時点での荷重は 3.6kN であった．せん断要素としての面材を組み込んでいないことから，床組フレームは低荷重で容易に変形した．梁－桁の仕口は，大入れ蟻掛け仕様の一般的なプレカット仕口で，腰高羽子板ボルト(SB)で補強している．床組フレームの変形が進むに伴い，この仕口がピンのように回転し，仕口の蟻部分が桁材を繊維直交方向に引き裂くような割れを生じさせたものである．面内せん断要素組み込んだ床組の試験を行う場合，そのせん断力が高いと羽子板ボルト1本では仕口の先行破壊が生じる恐れがある．「木造軸組工法の許容応力度設計(2008 年版)」[2]では，水平構面の面内せん断試験体において，柱脚固定式の場合，柱頭は当該仕口，柱脚は大入れ蟻掛け＋引き寄せ金物締めであるが，高耐力仕様の水平構面にあっては，柱頭においても引き寄せ金物等での補強を必要としている．

  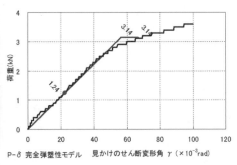

図 4.4-21 床組仕口（大入れ蟻掛け）の割れ

(3) 仕口 C の破壊状況について

仕口 C は，加力側の柱頭接合部であり，試験の終局時には力学上では圧縮側となるが，実際は壁のせん断要素の影響により引張力が作用するケースもある．当該部位の破壊形態として，①接合金物の破壊，②柱ほぞの破断，③桁の割裂が確認された．

①接合金物の破壊

図 4.4-22 は，筋かい＋ラス下地板の耐力壁の面内せん断試験であり，写真は試験後の柱頭部の破壊状況である．柱頭部は腰高羽子板ボルト(SB)を用いているが，筋かいの突き上げにより，柱頭のほぞが引き抜かれ，羽子板ボルトは腰高部分にモーメントが生じて六角ボルト(M12)は首下が曲がり，板部は引き裂かれた．P－δグラフより，1/30rad 以降も荷重の低下は見られず，最大荷重は 9.7kN，最大荷重時の変形は 1/21rad であった．ラス下地板に筋かいを併せた外壁下地は，一般にモルタル塗り壁に使用されるが，当該試験結果から言えば，筋かいの突き上げに対して羽子板ボルト(SB)は性能不足である．また，板部が腰高の羽子板ボルトは，仕口との取合いで角座金が邪魔をしないため，木造建築物の現場では，よく使われている．腰高羽子板ボルトは，桁からの六角ボルト(M12)が腰高の高さ分，柱側面から偏心（当該製品は 40mm，Ｚマーク表示金物(SB・E)は 22mm で，その他の同等品は 22mm が標準）しているためにモーメントが発生するので，腰高が高すぎる製品は留意されたい．

  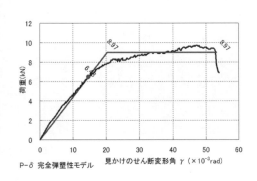

図 4.4-22 ほぞの抜け，腰高羽子板ボルトの破断，六角ボルトの曲げ

②柱ほぞの破断

図 4.4-23 は，貫壁の面内せん断試験であり，写真は試験後の柱頭部の破壊状況である．柱頭部は長ほぞ＋込み栓打ちとした接合金物を用いない伝統的な仕口である．長ほぞの断面寸法は 30×90mm，ほぞ長さは 150mm（桁のせい）で，込み栓は 15mm の角込み栓（カシ）である．当該仕口に作用した引張力で，長ほぞの根本が破断したが，長ほぞ＋込み栓打ちの破壊状況としてはまれである．一般に，土台－柱の仕口における長ほぞ＋込み栓打ちの破壊状況では，ほぞ先端のせん断破壊，込み栓の曲がり・折れ，土台の割れである．$P-\delta$ グラフは，1/30rad 付近で一旦荷重が低下したが，その後，1/15 以降まで荷重の低下は見らないなど，嵌合部のめり込み抵抗の特徴が現れている．最大荷重は 2.7kN，最大荷重時の変形角は 1/13rad であった．

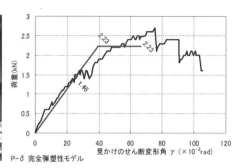

図 4.4-23 柱頭部のほぞの破断

③桁の割裂

図 4.4-24 は，筋かい壁の面内せん断試験であり，写真は試験後の柱頭部の破壊状況である．柱頭部は短ほぞに短期基準耐力 15kN を有するビス留め式の接合金物（図 4.4-17 と同仕様）を使用した．破壊状況は，桁に留めるビス（径 6mm×長さ 100mm）3 本に作用した引張力で，ビスを打った箇所から桁が繊維直交方向に持ち上げられるように割裂した．土台であれ桁であれ，ビス間隔が狭く，引張力が大きいロングビスは，木材を繊維直交方向に割裂させることが多く，破壊状況としては好ましくない．$P-\delta$ グラフにおいて，最大荷重は 20.4kN，最大荷重時の変形は 1/22rad であった．桁の割裂後，荷重は徐々に低下したが，1/15rad まで，完全弾塑性モデルのエネルギー領域を確保した．

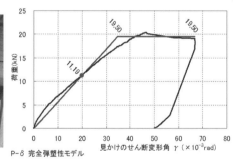

図 4.4-24 多本数接合具の引張による桁の破断

(4) 仕口 D の破壊状況について

仕口 D は，仕口 C の対称となる柱脚接合部であり，終局時には圧縮力が作用する．当該部位の代表的な破壊形態は，①柱の土台へのめり込み，②めり込みに伴う金物－接合具間の隙間である．このめり込みと隙間は，壁の弾性範囲内であれば水平荷重が除荷された際にはほぼ解消されるが，繰り返し水平荷重を受けた際には，残留変形を生じさせる要因にもなる．

①柱の土台へのめり込み／②めり込みに伴う金物－接合具間の隙間

図 4.4-25 は，片筋かい(45×90mm)＋構造用合板(倍率 4.5 相当)の壁で，平 12 建告 1460 号では基礎からのアンカーボルト(M16)が要求される．当該仕口には，圧縮力を受けた筋かいと柱により，土台にめり込みが生じている．このめり込みに伴い，引き寄せ金物(S-HD15)の座面と六角ボルト(M16)のボルト頭間には 10mm 程度の隙間が生じている．図 4.4-24 の左写真内に示した当該壁の仕口 A は，40mm 程度引き抜かれている．$P-\delta$ グラフにおいて，最大荷重は 19.7kN，最大荷重時の変形角はほぼ 1/15rad であった．終局時に至って筋かいは座屈したが折損せず，構造用合板のくぎの抜け・パンチングアウトも少なく，仕口 A の引き抜けと仕口 D のめり込みが大きな破壊状況であったことから，等終局変形角(δ_u)が 1/15rad を越えても荷重は保たれ，完全弾塑性モデルのエネルギー領域が大きくなった．

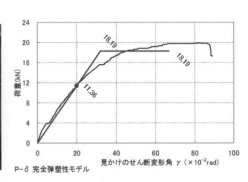

図 4.4-25 筋かい＋構造用合板壁，土台のめり込み，引き寄せ金物(S-HD15)とボルト頭(M16)の隙間

図 4.4-26 は，開口部を含んだ既調合軽量モルタル塗り(単層通気構法)の壁である．単層通気構法とは，通気層を確保する縦胴縁に防水紙とラス網を直貼りしてモルタルを塗った壁である．当該壁の仕口 D も柱が土台にめり込み，引き寄せ金物(S-HD15)と六角ボルト(M12)に隙間が生じた．最大荷重は 14.6kN，最大荷重時の変形角は 1/52rad，完全弾塑性モデルの(δ_u)は 1/25rad である．当該壁は 2 年間の屋外暴露を得たもので，1/50rad 時の 3 回の正負交番繰り返し荷重以降，モルタルのひび割れ，モルタル壁の剥離，軸組との相対変位が大きくなり，1/30rad 時の繰り返しで荷重が $0.8P_{max}$ 以下に低下したが，モルタル壁は 1/10rad 時でも脱落しなかった．

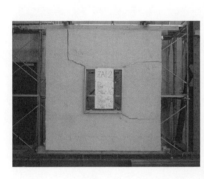

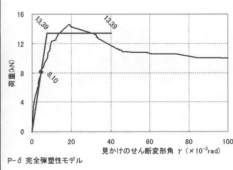

図 4.4-26 モルタル塗り壁，土台のめり込み，引き寄せ金物(S-HD15)とボルト頭(M16)の隙間

【参考・引用】
1) (公財)日本住宅・木材技術センター：Z マーク表示金物，http://www.howtec.or.jp/menu_ninsyou.html
2) (公財)日本住宅・木材技術センター：木造軸組工法住宅の許容応力度設計(2008 年版)

4.5 梁受け金物

4.5.1 接合概要

従来の木造住宅用の金物は，部材を切り欠き加工して接合する継手・仕口を補強するものであり，主として地震時等の非常時に接合部を引き離す方向にかかる力に抵抗させようとするものである．そのため，常時荷重に対しては金物がなくても建築物として成立するため，副次的要素の耐震補強金物としての性格が強いものである．

これ対して梁受け金物は，梁から伝達される積載荷重等の常時荷重を負担する主体的な接合要素である．梁受け金物の例を図 4.5-1 に，梁受け金物が受ける力を図 4.5-2 に示す．主たる機能は，鉛直荷重に対する方向となる順せん断力で，梁から伝達される固定・積載荷重を合わせた長期荷重への抵抗性である．従来からの仕口接合による柱梁接合部と比べて柱部材断面の欠損や減少を回避している点で接合耐力の向上を達成している．この他の力として，壁や床構面の構成要素として接合部を離さない水平方向の引張の軸力と，下階に取り付く耐力壁のロッキングに伴う逆せん断力に対する抵抗要素として機能するが，モーメント抵抗性能については期待しないのが通常である．

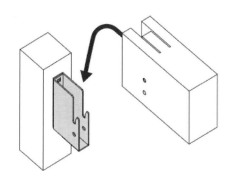

図4.5-1 梁受け金物の例 [1)]

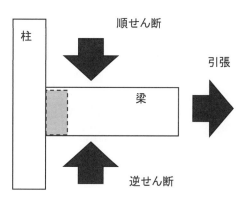

図4.5-2 梁受け金物が受ける力

4.5.2 実験で見られる破壊例

梁受け金物の強度試験は，接合部に純粋なせん断力を加えようと梁両側に短い柱をそれぞれ金物で接合して H 形の試験体を構成し，両側の柱のずれと回転を防止した常態で，梁上部に荷重を加えて評価することが多い（図 4.5-3 左）[2)]．また，梁と梁の取り合いについては，平面で H 形の試験体を構成し，両側の梁のずれと回転を防止した常態で，中央の梁に加力する方法をとる（図 4.5-3 中）[2)]．これらの試験方法は実大部材用の万能試験機を使った圧縮加力で実施できるというメリットがあるが，どちらか弱い方の接合部に破壊が集中する傾向にあり，それによって性能評価は影響を受ける．通常，梁上部の加力点で測定する荷重を対称に二分して単位接合部にかかる荷重とみなすため，実際にそれぞれの接合部が負担している荷重は異なっている可能性がある．また，登り梁で評価する場合（図 4.5-3 右）には，梁に負荷される鉛直荷重の分力として軸力が発生し，下側の接合部には梁からの圧縮の軸力が，上側の接合部には梁からの引張の軸力が作用する．両側の柱脚支持部分で荷重を測定することで，個々の接合部が負担している力を検出するなどの工夫が考えられるが，片側へ変形や破壊が集中すると，その影響が荷重分配にも影響を及ぼすことに注意が必要である．

図 4.5-3 梁受け金物のせん断試験の様子（左から，柱と梁，梁と梁，柱と登り梁）
（写真提供：北海道立総合研究機構林産試験場）

1) 順せん断

　柱と梁の取り合いにおける最終破壊性状は，①梁の割裂（図 4.5-4），②柱の割裂（（図 4.5-5）であるが，この他に，③ドリフトピンの変形，④梁受け金物の変形，⑤柱側のボルトの変形，⑥柱側の座金のめり込みなどを伴う．梁の断面が小さい場合には⑦梁の曲げ破壊（図 4.5-6）が先行することもある．梁と梁を取り合う場合の破壊形態についても柱が関係する以外の項目が破壊形態となるが，通常は，両支持梁で座金の著しいめり込みが観察されたのち，受け梁のドリフトピンからの割裂により破壊する傾向にある．登り梁の場合も，短柱側の割裂が支配的であるが，図 4.5-7 の例のように，部材の下端を全面で欠き込んでしまうと梁端部からの割裂破壊の起点となる．通常はこのような収まりとはせず，金物の座面部分と部材との干渉部分のみを欠き込むこととしている[1]．

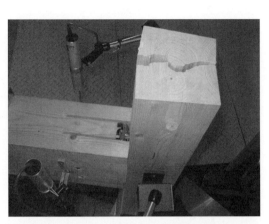

図 4.5-4 ドリフトピン部分からの割裂　　　　　　　図 4.5-5 柱の割裂（柱木口まで進展）

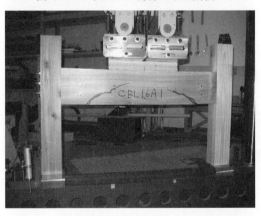

図 4.5-6 金物座面を起点とした梁の曲げ破壊　　　　図 4.5-7 登り梁における欠き込み部からの割裂
（図 4.5-4 から図 4.5-7 の写真提供：北海道立総合研究機構林産試験場）

2) 逆せん断

　逆せん断の場合も，破壊は梁側におけるドリフトピン孔を起点とした梁の割裂である．図 4.5-8 に破壊性状を示す．順せん断と大きく異なる点は，当該の梁受け金物は梁を最上段のドリフトピンで金物に引っ掛けるようにして架けるため，逆せん断力が作用した場合には，最上段（逆せん断試験体においては最下段）のドリフトピンは有効に機能しない．このため，逆方向のせん断耐力は順方向のせん断耐力よりも著しく低下する．

図 4.5-8 逆せん断における破壊形態の例(右写真は、左写真の拡大)
(写真提供:北海道立総合研究機構林産試験場)

3) 引張

梁せいが小さく,ドリフトピン 2 本で接合した仕様では,下段のドリフトピンが内部で曲げ変形し,終局的には,梁が割裂した(図 4.5-9).最上段のドリフトピンは変形せず,梁受け金物側のドリフトピンのひっかけ部となる爪が大きく変形しており(図 4.5-10),実質的には下段のドリフトピンのみで引張力に対して抵抗していたことが看取される.一方,梁せいが大きく,ドリフトピン 3 本で接合した仕様では,柱が曲げ破壊し(図 4.5-11),柱材の背面の座金の変形と柱へのめり込みは顕著であった(図 4.5-12).座金を大きくすることでめり込み変位を小さくできることが考えられるが,最大荷重は柱の曲げ耐力によって制約を受けることがうかがえる.

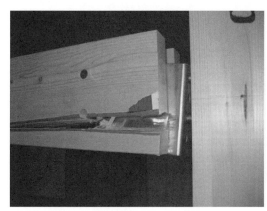
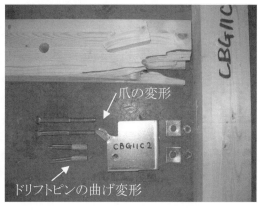

図 4.5-9 金物の回転と梁の割裂　　図 4.5-10 解体で確認された金物の変形

図 4.5-11 柱の曲げ破壊　　　　　図 4.5-12 座金のめり込み
(図 4.5-9 から図 4.5-12 の写真提供:北海道立総合研究機構林産試験場)

4) 単一の梁受け金物でのせん断試験[3]

梁受け金物のせん断耐力をト型形状の試験体を使って単一接合部として直接評価した例を示す（図 4.5-13）．純粋なせん断力を金物単体に作用させて評価することを目指したこの試験方法は，柱相当部材が垂直方向のみに移動するように加力することが重要になる．この試験では，柱長さと梁上端位置を一定にして，梁せいを変えた場合について通常のH型形状による試験と比較しており，梁せいが大きくなるにつれて，梁側で破壊する試験体数が減り，柱側の接合具に沿った柱割れが顕著になることが確認されている．

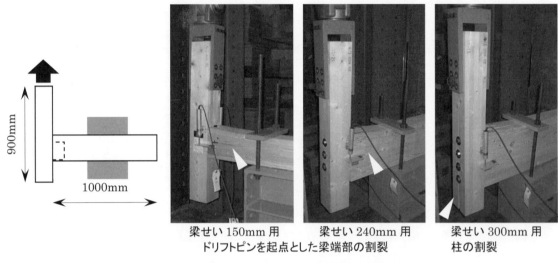

図 4.5-13 ト型試験体による梁受け金物試験の例と最終破壊状況

梁受け金物の耐力は，梁側のドリフトピン本数と配置の端あき・縁あき・間隔，金物に梁底面を支持する機構の有無，躯体の樹種など，多くの要素が複雑に関与する[4]．実際の接合部では，柱は下に長く続いていることから，このト型の試験は，柱の割裂破壊に対して不利な条件で実施されているともいえるが，柱上部の余長を加力治具との接合のために延長していることも，試験方法として留意すべき点である．いずれの試験方法であっても，柱側接合部の破壊に悪影響を及ぼさない余長を設定することのほか，梁上面からの高荷重の加圧に耐えられるようにできるだけ広い加圧面を確保したり，梁部材が曲げ変形しにくくなるよう全体を短くしたり，同様に加圧板端から柱表面までの長さを短くしつつ金物の変形破壊性状に加圧板による加圧や拘束の影響を減らす距離を取るなど，評価する上で注意するべき点は少なくない．

【参考・引用】
1) 公財）日本住宅・木材技術センター：Zマーク表示金物 梁受け金物の使い方
2) 公財）日本住宅・木材技術センター：木造建築物用接合金物認定事業における接合金物試験法規格, P15-21, 2011
3) 軽部正彦, 原田真樹：梁受け金物せん断加力試験における試験体形状と加力方法の比較検討, 日本建築学会, 大会学術講演梗概集（関東）構造Ⅲ22064, pp. 127-128, 2007.08
4) 日本建築学会：木質構造接合部設計マニュアル, 2009.11
5) 藤原拓哉, 戸田正彦, 野田康信, 飯島敏夫：梁受け金物の強度性能（第1報）―せん断および引張耐力―, 林産試験場報, vol21, No.3, 2007

4.6 グルード・イン・ロッド

4.6.1 接合概要

グルード・イン・ロッド（Glued-in Rod：GIR）は，接合する木質軸部材のそれぞれに先孔を開け，棒状の接合具を挿入し，それを樹脂接着剤等で充填接着し，引抜き抵抗に依存して力を伝達する接合方法である．図4.6-1に接合方法の概略図を，図4.6-2に鉄筋挿入の様子を示す．

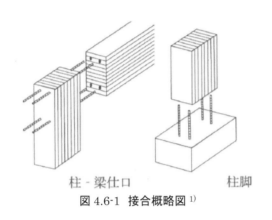

図 4.6-1 接合概略図 [1]

図 4.6-2 柱－梁接合部分鉄筋挿入の様子

4.6.2 接合システム

挿入される接合具には，鋼製の異形鉄筋や中空ボルト，木製のダボなどを使用しているものがある．この接合具を介し，被着材同士の引張力を伝達する．GIRによる継手と仕口における、力の伝達の模式図を図4.6-3に示す。圧縮力は被着材同士の面接触に接合具の軸方向の押し込み抵抗力を加算するものとする．せん断力は接合具自体で負担することも可能であるが，複合応力に対する検討が必要になり，またラーメン架構等の場合，水平力の負担が大きく損なわれるケースもあるので，別のせん断抵抗具（ほぞ，シアプレートの類）で伝達することも有効である．

GIR接合の接合具の引き抜き強度や引き抜き剛性は，埋め込み長さ，接着剤（充填剤）の特性により変化するが，ある程度の埋め込み長さを超えると被着材の破壊あるいは挿入した接合部が破断するようになり，性能の限界となる．また接合具の径を太くすると，接着面積を確保できることから，接合強度およびすべり剛性とも増大するが，接合具が木材の変形に追随できなくなり，木材の割裂を誘発しやすくなる．このため接合具の径，本数は木材の強度性能とのバランスを配慮して決めることが望まれる．

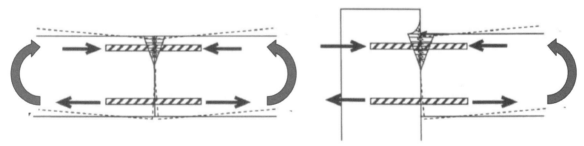

図 4.6-3 力の伝達形式 [1]

4.6.3 変形・破壊の特徴

1) 接合具単体における性能

鋼製ボルトを接合具とし，被着材の繊維方向に挿入してエポキシ樹脂により充填接着した接合具単体の引抜き試験[2,3]の破壊状況を図4.6-4から図4.6-6に，また繊維直交方向に挿入した場合の破壊状況を図4.6-7に示す．繊維方向に挿入した場合，破壊は，①木部のせん断破壊，②木部の割裂破壊，③両者の複合による破壊の3パターンがあり，接合具に対する被着材断面の縁までの距離が十分確保されている場合は，木部のせん断破壊となるが，距離が短くなってくると割裂破壊が生じ最大耐力も低下する．繊維直交方向に挿入した場合では，被着材の表面が繊維に沿ってめくれ上がる破壊がみられ，繊維方向の破壊に比べ荷重低下が緩やかな傾向を示す．

木ダボを接合具とした場合は，いささか鉄筋と破壊形式が異なる．木材に比して剛性の高いエポキシなどの接着剤を用いた場合は，接着層の変形が少なく，木ダボの挿入口部分で応力が集中して木ダボが破断しやすくなり，比較的剛性が低いウレタン系接着剤を用いると接着層のせん断破壊が生じやすくなる．ウレタン系接着剤を用いた場合でも，ダボ径に比して挿入長さが長くなると破断が生じやすくなる．

図 4.6-4 木部のせん断破壊

図 4.6-5 割裂破壊

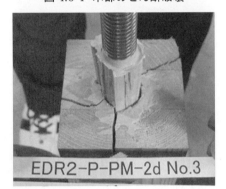

図 4.6-6 木部のせん断および割裂破壊

図 4.6-7 繊維直交方向の引抜き破壊

2） 接合部

鋼製ボルトを接合具とした図 4.6-8 のような仕口接合部の荷重－変形角履歴曲線を図 4.6-9 に示す．最大耐力直前まで，ほぼ弾性的挙動を示し，高い剛性・耐力が得られている．しかし，図 4.6-10 および，図 4.6-11 のように，引張側鋼製ボルトに沿った割裂が生じると接着した部分の耐力は急激になくなり，最終破壊に至る．これは接合具と被着材の曲げ剛性に差があること，さらに接合具と被着材の縁距離が必ずしも十分確保できていないことが要因と考えられる．したがって先に述べたように，木材の強度性能とのバランスを考慮して接合具の径，本数，位置を設定することが重要である．

この脆性的な破壊を抑制するため，挿入する鋼製の接合具の断面を木口付近で細くし，鋼材を降伏させるような機構を設け，鋼材の塑性領域を活用して靭性的な破壊に誘導するような接合部も開発されている [5-7]．（図 4.6-12，図 4.6-13 参照）

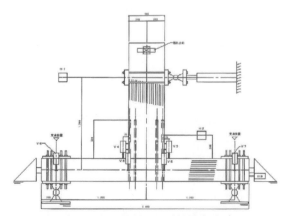

図 4.6-8 試験体および試験方法 [4)]

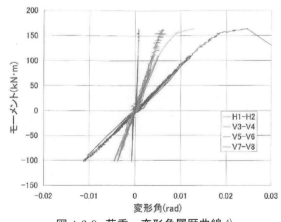

図 4.6-9 荷重－変形角履歴曲線 [4)]

図 4.6-10 破壊時の試験体の様子 [4]

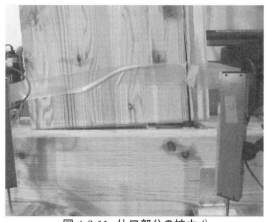

図 4.6-11 仕口部分の拡大 [4]

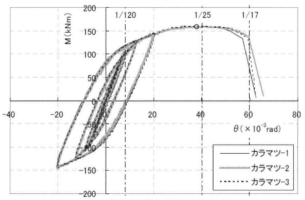

図 4.6-12 降伏機構を有する接合部の
荷重－変形角履歴曲線 [6]

図 4.6-13 降伏し破断した接合具の様子 [6]

【参考・引用】
1) 日本建築学会：木質構造接合部設計マニュアル, 2009
2) 田中圭, 佐藤烈, 中城勇太郎, 天雲梨沙, 森拓郎, 井上正文：木材の材料強度を考慮したGIR継手接合部の耐力算定法の提案, 構造工学論文集. B 56B, pp.303-308, 2010
3) 田中圭, 天雲梨沙, 野口雄司, 森拓郎, 井上正文：集成材の繊維直交方向に挿入したGIR接合具の引抜耐力算定法の提案, 構造工学論文集, B 57B, pp.373-378, 2011
4) 秋田県木材加工推進機構：試験報告書
5) 伊藤博之, 塩崎征男, 高橋仁, 中村陽介, 大橋好光：降伏機構を有するグルードインロッド接合の開発（その 1)開発主旨および引張試験, 日本建築学会大会学術講演梗概集 2012, 構 III, pp. 545-546, 2012
6) 中村陽介, 高橋仁, 伊藤博之, 塩崎征男, 大橋好光：降伏機構を有するグルードインロッド接合の開発（その 2)柱梁接合部の性能試験, 日本建築学会大会学術講演梗概集, 構 III, pp.547-548, 2012
7) 伊藤博之, 塩崎征男, 永井敏浩, 大橋好光：降伏機構を有するグルードインロッド接合の開発（その 3)T字型接合部試験, 日本建築学会大会学術講演梗概集, 構 III, pp. 647-648, 2013

4.7 ラグスクリューボルト

ラグスクリューボルト(Lag-screw Bolt：LSB)は，構造用集成材の接合部向けに開発された大型のねじ接合具である(図 4.7-1)．軸部を下穴のあけた木質材料の内部に埋め込み，端部の雄ねじ，あるいは雌ねじ部分を接合金物に接続し，他の部材と緊結する[1] (図 4.7-2)．その主な耐力発現機構は，軸方向の力の伝達である引き抜き及び押し込み抵抗である．なお，ラグスクリューボルトは，軸方向力のみを受けるような使い方とすべきであり，不用意な割裂破壊に繋がらないよう，直交方向のせん断力等は，別途せん断伝達機構を設けるべきである．

LSB を部材に用いた接合部の主な破壊性状は，
① LSB の引き抜け破壊
② LSB の埋め込み位置からの部材の割裂破壊
③ 接合部における部材のせん断破壊(接合部パネルゾーンにおける部材のせん断破壊)
④ LSB もしくは緊結する接合用ボルトの引張破壊
⑤ 部材の引張破壊

である．ここでは，LSB に引き抜き力が作用する際に，LSB と部材の間で発生する①と②の破壊，そして柱と梁のモーメント抵抗接合部における③部材のせん断破壊について説明する．

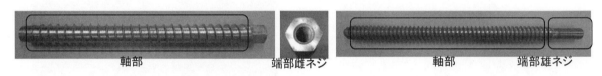

(i) 軸端部雌ネジタイプ   (ii) 軸端部雄ネジタイプ

図 4.7-1 ラグスクリューボルトの概要

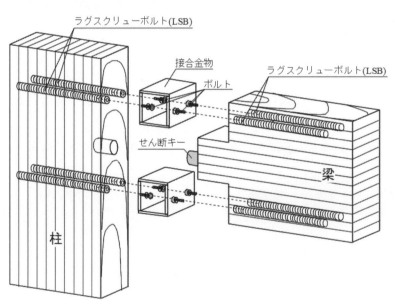

図 4.7-2 ラグスクリューボルトによる柱－梁接合部の例

4.7.1 LSB の引き抜け破壊

LSB の引き抜け破壊は，埋め込み方向と部材の繊維方向の関係により異なる．部材の繊維方向に対して平行方向に埋め込まれた LSB の引き抜け破壊は，ネジ山先端間の木部の縦せん断破壊(LR 面，LT 面の L 方向せん断)となる(図 4.7-3)．このため，高剛性であるが変形性能に乏しい．部材の繊維方向に対して直交方向に埋め込まれた LSB の破壊性状は，ネジ山に挟まれた木部の圧縮を含む，せん断等の複合的な破壊であり，表層の木部を盛り上げながら引き抜ける破壊である(図 4.7-4)．このため，引き抜き変位の初期において木部の横圧縮による降伏がみられ，繊維平行方向と比べて靱性のある挙動を示す(図 4.7-5)．

図 4.7-3 繊維平行方向の引き抜け破壊

図 4.7-4 繊維直交方向の引き抜け破壊

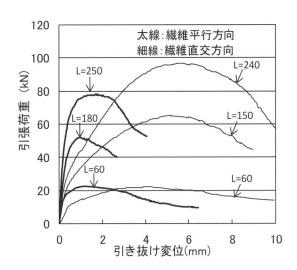

図 4.7-5 荷重と引き抜き変位の関係
(LSB はネジ山径 25mm, ネジ山ピッチ 10mm)
注)L:LSB の埋め込み深さ

4.7.2 部材の割裂破壊

　繊維平行方向に埋め込まれた LSB に引張力が作用する際, LSB の埋め込み位置から部材縁端部までの距離が十分に確保できていない場合, LSB の引き抜け破壊に至らずに, 割裂が部材縁端部まで一気に伝播する脆性的な破壊を引き起こす場合がある(図 4.7-6). また, 複数の LSB を用いる場合, その相互の間隔が十分に確保できていない状況においても, 割裂破壊を引き起こすことがある(図 4.7-7).

　図 4.7-8 は, 繊維平行方向について LSB を埋め込む部材の断面寸法を変化させた場合の荷重と引抜け変位の関係を示している. 断面寸法が 140mm×140mm の試験体では 6 体全て引き抜け破壊となり, 断面寸法が 75mm×75mm の試験体では 7 体中 5 体が脆性的な割裂破壊となった. 既往の研究より, 割裂破壊を抑制できる縁端距離は, ネジ山直径の 2.0 倍以上とされている[2]. 複数の LSB の配置と間隔について, 破壊性状と引き抜き性能への影響が報告されており[3], 使用条件により LSB1 本当たりの耐力と初期剛性に低減を考慮する必要がある.

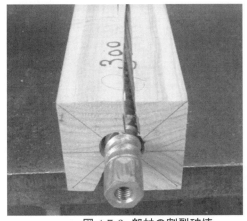

図 4.7-6 部材の割裂破壊

図 4.7-7 LSB 間の割裂破壊

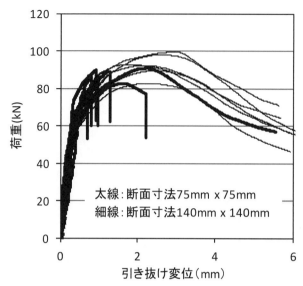

図 4.7-8 部材の断面寸法ごとの荷重と引き抜け変位の関係
（LSB のネジ山径 25mm, 埋め込み深さ 270mm）

4.7.3 モーメント抵抗接合部における部材のせん断破壊

　LSB を用いた柱と梁の接合部は，柱と梁に埋め込まれた LSB と中間金物を緊結することで構成される．この接合部にモーメントが作用した場合，柱相当部材がせん断破壊を引き起こすことがある（図 4.7-9）．この柱相当部材のせん断破壊は，外力モーメントに対して柱の上下に埋め込まれた LSB に押しと引きの逆の力が作用するため，LSB で囲まれた柱相当部材のパネルゾーンにせん断力が発生することで引き起こされる．このパネルゾーンのせん断破壊を抑制する試みとして，パネルゾーンの対角方向に長尺の木ねじを挿入する方法が試みられている．

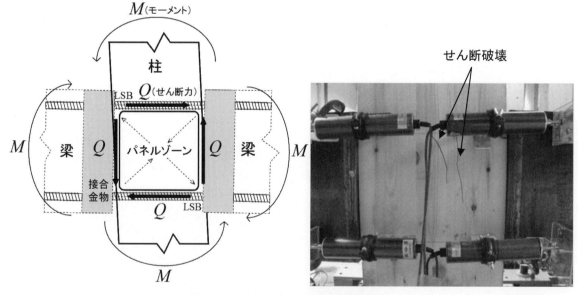

図 4.7-9 パネルゾーンのせん断破壊

【参考・引用】
1) 小松幸平他 3 名：ラグスクリューボルト(LSB)を用いた集成材ラーメン架構の開発(その1) − LSB とは何か．LSB 接合部のモデル化と事例研究，第 10 回木質構造研究会技術報告集，pp.22-25, 2006
2) Makoto Nakatani, Bryan Walford: Influence of Timber Dimension on Withdrawal Behavior of Lagscrewbolt, Proceedings of WCTE2010, paper.305 (CD-ROM), Riva Del Garda, Italy, 2010
3) Takuro Mori et al. : Influence of the Number of Fastener on Tensile Strength of Lagscrewbolted Glulam Joint, Proceedings of WCTE2008, paper.197 (CD-ROM), Miyazaki, 2008

4.8 ラージ・フィンガー・ジョイント

4.8.1 接合概要

ラージ・フィンガー・ジョイント(Large Finger Joint, LFJ)は，大断面集成材の木口面をフィンガー加工し，現場接着によって，縦継ぎもしくは柱梁接合を行うことにより，大スパン架構や単位骨組を構築する接合方法である．フィンガー長さとしては50mm程度のものが代表的(図4.8-1)であるが，欧州規格[1]ではフィンガー長さ45mm以上のものをラージ・フィンガー・ジョイントとして区分している．日本ではビッグフィンガージョイントの名称でわん曲集成材よる50mスパンアーチの縦継ぎ[2]に適用された(図4.8-2)のを初めとして，通直集成材による山形ラーメンの肩部や門形ラーメンの柱梁接合部に適用されている．2部材間の応力の伝達は，フィンガージョイントの接着面のせん断力に集約されるが，部材の引張力，圧縮力，せん断力，曲げモーメント，ねじりモーメント等の全ての力が伝達される．

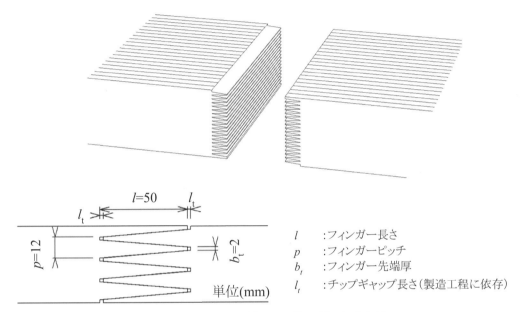

l : フィンガー長さ
p : フィンガーピッチ
b_t : フィンガー先端厚
l_t : チップギャップ長さ(製造工程に依存)

図 4.8-1 ラージ・フィンガー・ジョイントの例

図 4.8-2 白竜ドームの50mスパンアーチ

4.8.2 変形・破壊の特徴

1) 継手に用いた場合の破壊性状 [3]

継手に用いた場合の曲げ破壊性状を図4.8-3に示す．フィンガー先端部にはチップギャップと呼ばれる非接着部分があり，この断面欠損部が主たる破壊の起点となる．実大実験においては，この断面欠損部位を考慮した断面係数によって算出される母材の曲げ耐力と同等の耐力が得られており，フィンガージョイントの接着を確実に行えれば，非常に高い強度接合効率が得られる接合方法であり，剛性も高い．ただし，接着接合ゆえに脆性的に破壊する傾向にある．

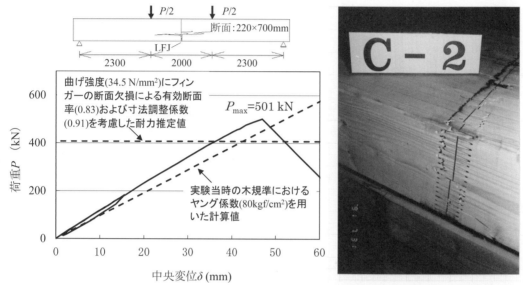

図 4.8-3 ラージ・フィンガー・ジョイントによる集成材継手の曲げ試験結果とその破壊性状

2) 仕口に用いた場合の破壊性状

門形フレーム等の仕口に用いる場合には，集成材木口を斜めに切削した面にフィンガー加工を施して2部材を直接接合する場合（直接接合型）と，つなぎ材を介して接合する場合（つなぎ材挿入型）の2種類に大別される．直接接合型の建築事例を図4.8-4に示す．いずれの仕様であっても，閉じる方向にモーメントを受ける場合（仕口角度が減少する方向）と開く方向にモーメントを受ける場合（仕口角度が増大する方向）の荷重伝達能力が大きく異なる．脆性破壊の抑制や耐力性能向上を目的として，合板添板接着補強[3]，ボルトや木ダボ挿入接着による割裂補強[4,5]，さらには，集成材によるつなぎ材の代わりに合板積層材やOSB積層材，フェノールFRPを用いるなどの実験的検討[6,7]が行われているが，本書では集成材のみで構成される90°で接合したL形の接合強度試験結果を例に，L形のコーナー部の出隅側を頂部，入隅側を内隅部と表現して，基本的な破壊性状について解説する．

図 4.8-4 保育園遊技場における直接接合型の例（写真提供：銘建工業（株））

(1) 閉じる方向にモーメントを受ける場合

直接接合型では，内隅側の圧縮応力によってフィンガー接合部が圧縮降伏を起こし，モーメントと回転角の関係に非線形挙動が現れる（図 4.8-5①）．終局的には頂部側から割れ裂けたように見える（図 4.8-5②）が，頂部は応力を伝達しないものと考えられるため，少し内側において，フィンガーのスカーフ接着面におけるねじりを伴うせん断破壊が起点となっているものと考えられる．

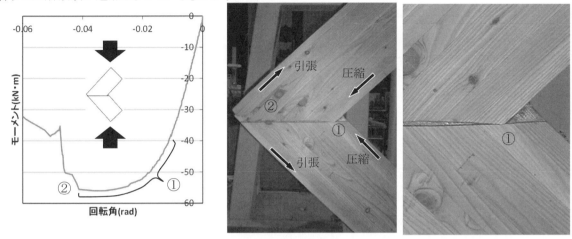

図 4.8-5　直接接合型ラージ・フィンガー・ジョイント L 形接合部の閉じる方向における破壊性状

つなぎ材挿入型では，フィンガージョイントのギャップ周囲に作用する引張応力によって，つなぎ材の木口面が割れ，繊維方向に割裂する（図 4.8-6①）．割裂後は内隅側のつなぎ材の残部が抵抗し，荷重が再上昇する（図 4.8-6②）．つなぎ材における割裂の進展を伴いながら最大荷重に達し，終局的にはつなぎ材が曲げ破壊する（図 4.8-6③）．

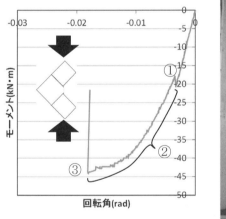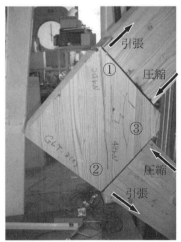

図 4.8-6　つなぎ材挿入型ラージ・フィンガー・ジョイント L 形接合部の閉じる方向における破壊性状

(2) 開く方向にモーメントを受ける場合

開く方向にモーメントを受ける場合には，頂部側に圧縮応力が，内隅側に引張応力が発生する．このとき，頂部側の圧縮応力の合力と内隅側の引張応力の合力によって，わん曲集成材における半径方向応力と同様の力が頂部－内隅部方向に発生し，集成材の横引張破壊が発生する．直接接合型では，軸材中心軸の交点よりも内隅側で発生する第一破壊点で最大耐力（図 4.8-7①）となり，それぞれの部材の繊維方向に割裂が進行する．その後，頂部側に数段階に分かれて割裂が発生し，荷重は段階的に減少する（図 4.8-7②③）．

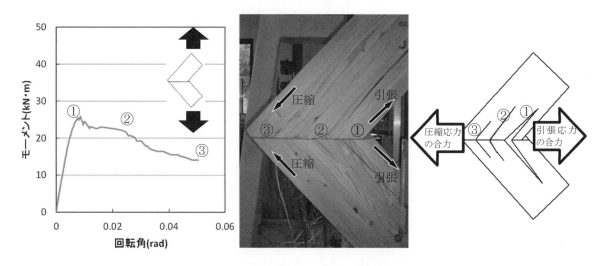

図 4.8-7 直接接合型ラージ・フィンガー・ジョイント L 形接合部の開く方向における破壊性状

つなぎ材挿入型においても，第一破壊点は軸材中心軸の交点よりも内隅側で発生し，軸部材の繊維方向にわたって割裂が進展する（図 4.8-8①）．第一破壊後は，頂部側のつなぎ材残部でモーメント抵抗し，両軸材の割裂が進展する間の荷重は横ばいである．つなぎ材の頂部側残部で再度の横引張応力による破壊が発生（図 4.8-8②）して終局に至る．

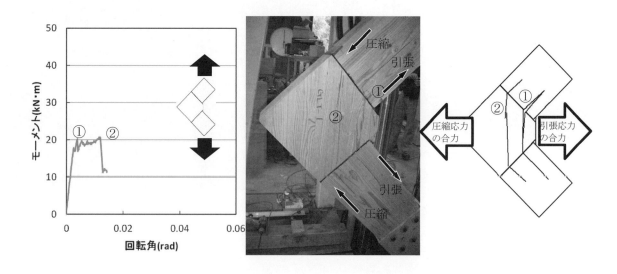

図 4.8-8 つなぎ材挿入型ラージ・フィンガー・ジョイント L 形接合部の開く方向における破壊性状

【参考・引用】

1) EN 387 : European Committee for Standardization, 2001
2) 木村衞, 松井英治:ビッグフィンガー接合－白竜ドーム, 建築技術, 11 月号, pp.156-159, 1994
3) 成田秀幸, 最上公彦, 木村衞, 楠寿博, 松井英治, 槐原泰男:日本建築学会大会学術講演梗概集, B, 構造 I, pp.1783-1784, 1992
4) 新田亜希, 小松幸平, 川原重明:第 50 回日本木材学会大会研究発表要旨集, p.244, 2000
5) 新田亜希, 小松幸平, 北守顕久, 川原重明:第 51 回日本木材学会大会研究発表要旨集, p.181, 2001
6) 森拓郎, 野田康信, 小松幸平:日本建築学会大会学術梗概集(北海道)構造Ⅲ, pp.383-384, 2004
7) 坂田弘安, 岡田久志, 安部裕, 楠寿博, 伊藤洋路:日本建築学会構造系論文集, 第 529 号, pp.121-126, 2000
8) 森拓郎, 小松幸平, 野田康信:日本木材加工技術協会第 25 回年次大会講演要旨集, pp.41-42, 2007

4.9 曲げ降伏型接合具によるモーメント抵抗接合

4.9.1 曲げ降伏型接合の降伏モード

　ボルトやくぎなどの曲げ降伏型接合具を用いたモーメント抵抗接合(図 4.9-1)では，主材の両側に木材を配する接合形式や，鋼板ガセットプレートを用いる接合形式を採ることが多い．このような接合の降伏モードは，主材厚と接合具径の比，木材の支圧強度，ボルトの降伏曲げ強度によって変化する．一例として鋼板挿入 2 面せん断接合を挙げると，その降伏モードは，①接合具が曲げ降伏を生じずに木材にめり込むモード，②接合具が 1 点で曲げ降伏するモード，③接合具が 3 点で曲げ降伏するモードの 3 タイプがある(図 4.9-2)．接合具が木材にめり込んで破壊する接合よりも接合具が曲げ降伏する接合の方が粘りが大きい(図 4.9-3)．

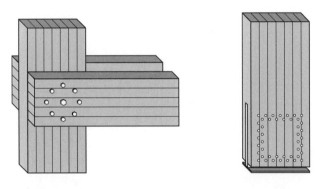

図 4.9-1　モーメント抵抗接合の例

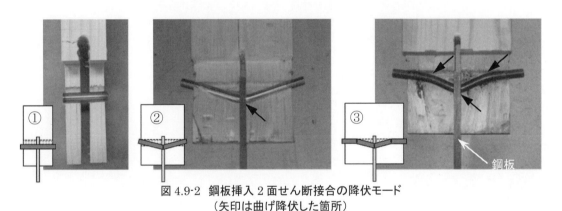

図 4.9-2　鋼板挿入 2 面せん断接合の降伏モード
（矢印は曲げ降伏した箇所）

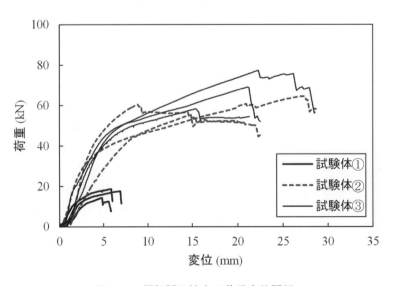

図 4.9-3　鋼板挿入接合の荷重変位関係

木規準[1]には5種類の接合形式((a)木材添え板1面,(b)2面せん断接合,(c)鋼板添え板1面,(d) 2面せん断接合,(e)鋼板挿入2面せん断接合,図4.9-4)が示されているが,実際の大断面構造物の接合には前述した5種類以外の接合形式を採用する場合もある.その1つに主材に複数枚の鋼板を挿入した接合がある(図4.9-5(a)).鋼板を2枚挿入した場合は4つのせん断面を持ち,その降伏モードは主材厚と接合具径の比,木材の支圧強度,ボルトの降伏曲げ強度の他に,鋼板から材縁までの距離,鋼板間距離によっても変化する(図 4.9-6).鋼板の枚数が増えても主材中心に対して鋼板を左右対称に配置し,鋼板間隔を一定とするならば,その接合の降伏モードは図4.9-6と同様の6タイプに分類される.この降伏モードからヨーロッパ型降伏理論に基づいて鋼板複数枚挿入接合の降伏耐力を計算すると,計算値と鋼板2枚および3枚挿入接合の実験値は極めて近い値を示すことが報告されている[2].

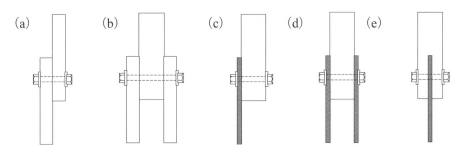

図 4.9-4 ボルト接合の接合形式[1]

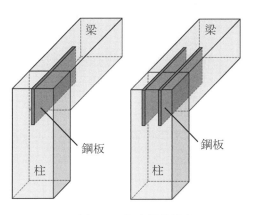

(a) モーメント抵抗接合

(b) 鋼板挿入4面せん断接合の加力試験

図 4.9-5 鋼板挿入接合

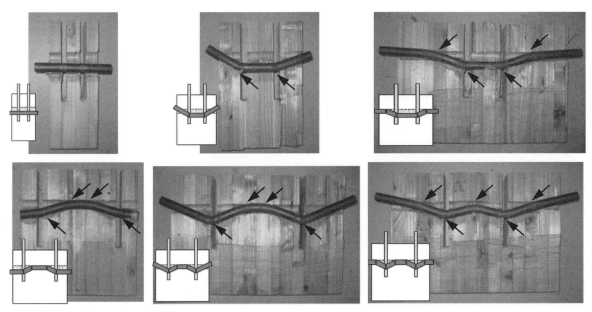

図 4.9-6 鋼板挿入4面せん断接合の降伏モード(矢印は曲げ降伏した箇所)

4.9.2 複数本の接合具を用いた曲げ降伏型接合における木材の破壊性状

曲げ降伏型接合具で大きな部材断面を接合するときには複数本の接合具が使われる．そのような接合では，端距離，縁距離，接合具間隔に留意する必要があり，木規準には接合具配置の最小値が示されている．木材の破壊形状は接合具の配置によって変化し，木材の繊維と平行方向に加力を受ける場合は大きく5タイプ（図4.9-7）に分類され，直交方向に加力を受ける場合は大きく2タイプ（図4.9-8）に分類される．

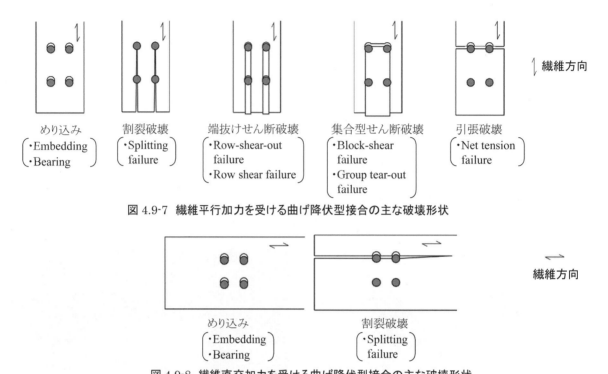

図 4.9-7 繊維平行加力を受ける曲げ降伏型接合の主な破壊形状

図 4.9-8 繊維直交加力を受ける曲げ降伏型接合の主な破壊形状

4.9.3 モーメント抵抗接合における木材の破壊形状

曲げ降伏型接合具をラーメン構造の柱－梁接合や柱脚接合に用いる場合，接合具は円形配置や矩形配置をとることが多く，モーメント抵抗接合の破壊形状は図4.9-7や図4.9-8に示した形状が混在する形となる（図4.9-9）．モーメント抵抗接合の破壊形状は接合具の種類や本数に依存する傾向を示す．

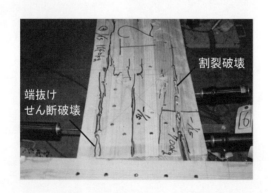

図 4.9-9 曲げ降伏型接合具によるモーメント抵抗接合の破壊性状

4.9.4 モーメント抵抗接合の加力試験

1) 鋼板添え板形式のくぎ接合とボルト接合の場合

　T型柱−梁接合の加力試験結果について報告がされている[3]．部材には150mm×500mm断面のベイマツ集成材を用いて，部材の両面には9mm厚鋼板ガセットプレートを配置する(図 4.9-10)．鋼板と部材はCN65を両面からくぎ打ちまたはボルト(ϕ12mm)接合とし，くぎ接合の場合は鋼板と部材を片面96本，120本，225本くぎ打ちした3タイプがあり，ボルト接合の場合は鋼板と部材を28本，48本，60本のボルトで接合した3タイプがある．

　くぎ打ち本数が多いタイプでは，繊維平行加力を受ける単位くぎ接合の箇所で木材に被害が生じ，くぎの破断はほとんど見られなかったことが報告されている．くぎ打ち本数が少ないタイプでは変形角1/45rad付近から柱においてくぎの破断が生じ，最大モーメント以降は柱に打たれたくぎが次々と破断したとある(図 4.9-11(a))．最大モーメント時変形角はくぎ打ち本数が少なくなるほど小さくなる傾向がある．

　ボルト本数が60本および28本の接合は変形角1/30radで梁がせん断破壊し，ボルト本数が48本の接合では変形角1/15radで梁が曲げ破壊したことが報告されている(図4.9-11(b))．前者は繊維平行および直交加力を受けた単位ボルト接合で割裂破壊が生じ，後者は繊維平行加力を受けた単位ボルト接合で引張破壊が生じたと考えられる．

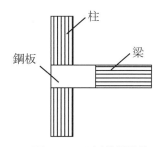

図 4.9-10　T型モーメント抵抗試験体の加力試験

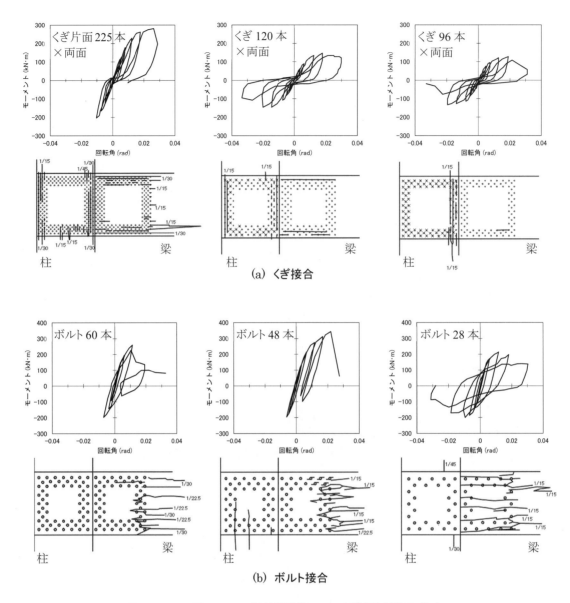

図 4.9-11 T 型モーメント抵抗試験体の M-θ 関係と破壊形状 [3)]
（破壊形状は文献 [3)] を参考にして作成した模式図）

2) 木材添え板型式のドリフトピン接合の場合

L型試験体に対する加力試験の報告がされている[4]．試験体にはベイマツ集成材を用い，主材厚はドリフトピン径の8倍，側材厚は4倍である(図4.9-12)．主材と側材は径13mmまたは20mmのドリフトピンで接合し，径13mmの場合は42本と86本で接合した2タイプがあり，径20mmの場合は15本と36本で接合した2タイプがある．

短期許容せん断耐力時には単位ドリフトピン接合でめり込みや小さな割れが見られ，最終的には側材で割裂破壊を生じたことが報告されている．径13mmのドリフトピン86本接合では引張破壊が生じたとある(図4.9.13)．ドリフトピンの本数が多いと，最大モーメントは大きな値を示すが，最大モーメント時変形角は小さくなる傾向がある．

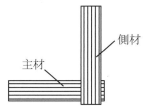

図4.9-12 L型モーメント抵抗試験体の加力試験

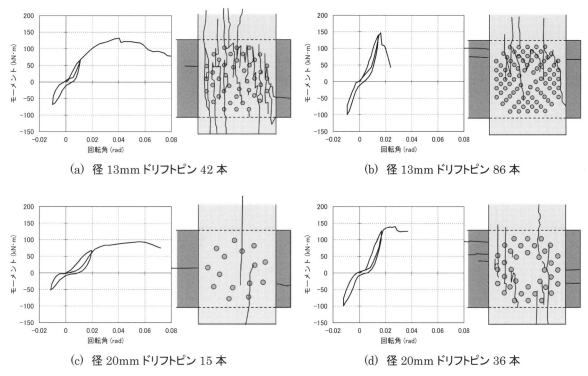

(a) 径13mmドリフトピン42本　　(b) 径13mmドリフトピン86本

(c) 径20mmドリフトピン15本　　(d) 径20mmドリフトピン36本

図4.9-13 L型モーメント抵抗試験体のM-θ関係と破壊形状[4]
(破壊形状は文献[4]を参考にして作製した模式図)

【参考・引用】
1) 日本建築学会：木質構造設計規準・同解説 ―許容応力度・許容耐力設計法―，pp.222-238, 2006.12
2) Kei Sawata et al.: Estimation of shear strength of dowel-type timber connections with multiple slotted-in steel plates by European yield theory, Journal of Wood Science 52(6), pp.496-502, 2006
3) 坂本功他：集成材による柱-梁接合部の強度実験(その 1-2)，日本建築学会大会学術講演梗概集 C, pp.121-124, 1988
4) 岡本光洋他：ドリフトピン接合の先孔径が接合耐力・剛性に及ぼす影響について(その 2-3)，日本建築学会大会学術講演梗概集 C, pp.155-156, 1992, pp.975-976, 1993

4.10 引きボルト型モーメント抵抗接合

4.10.1 引きボルト型の柱梁接合部の破壊パターン

引きボルト型の柱梁接合部は図 4.10-1 に示すように，引きボルトの柱座金からの支圧力と，梁木口からの支圧力を偶力としてモーメントに抵抗する．モーメントに対する破壊のパターンは，①ボルトの引張，②梁座金による繊維方向めり込み，③梁座金の支圧による梁木口にかけてのせん断破壊，④柱座金による柱の繊維直交方向めり込み，⑤梁木口による柱の繊維直交方向めり込み，⑥パネルゾーンにおける柱のせん断破壊，⑦柱の曲げ破壊の 7 パターンがある．④，⑤は柱の繊維直交方向へのめり込みであるため局部的に大きなめり込みを生じるものの，耐力低下をきたすような致命的な破壊に至ることはない．⑥の柱のせん断破壊についても柱中央に亀裂が生じるものの，すぐさま大きな耐力低下につながることは稀である．なお，引きボルトは引張のみに効かせるものであるので，梁に作用する鉛直荷重によるせん断力は，ほぞ加工やシアーキーを入れるなどのせん断抵抗要素を別途付与して柱に伝達する必要がある．

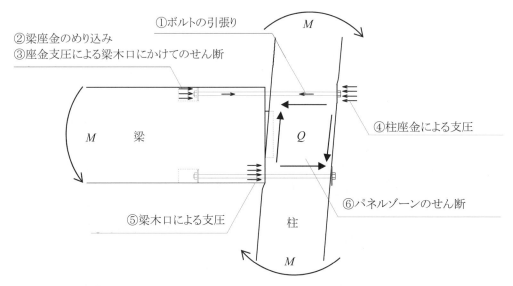

図 4.10-1　引きボルト型モーメント抵抗接合部の模式図

4.10.2 引きボルト接合部分の破壊

引きボルト部分の破壊性状は③座金の支圧力による木口にかけてのせん断抵抗が十分に確保できれば，ボルトの塑性変形を先行させることができる．すなわち，座掘りから木口までの距離（せん断長さ）が短い場合には座掘縁から木材の木口面まで繊維に沿ったブロックせん断（図 4.10-2）が破壊のクライテリアとなるが，せん断長さを十分に確保すれば，ボルトの破断，もしくは座金のめり込みを破壊のクライテリアとすることができる（図 4.10-3）．また，木材のせん断破壊を抑止することを目的として，座金直下をビスやドリフトピンで補強することも試みられている[1]．

図 4.10-2　木材のせん断破壊[2]

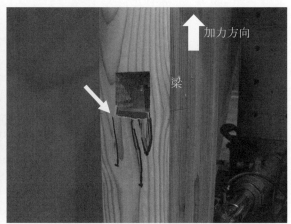

図 4.10-3　座金のめり込み[2]

座金用欠き込みは角座掘とすることが多く，これによって，せん断力に対して3面で抵抗できる（図4.10-4左）ことに加えて，座金の両脇で木材がつながっていることにより，座金の支圧による部材の偏心曲げを抑える効果も得られている．逆に，座金の両脇に木材がない仕様（図4.10-4右）では，図4.10-5のように，座金を当てる部分が切り欠き状となり，ボルトの軸芯と切り欠き部分の軸芯との偏心により引き起こされる切り欠き部の曲げが割裂応力として作用し，せん断破壊の耐力は著しく低下するため注意が必要である．なお，角座堀とする場合には，座掘り両端部分の木材の幅が狭いと引張破壊（図4.10-6）が破壊パターンに加わるため，座堀りの大きさは座金面積だけでなく，木材の断面欠損についても配慮して設定する必要がある．加えて，図4.10-7に示すようなボルト挿入孔に沿った割裂も報告されている．この破壊形態が生じる条件は不明であるが，座堀り両端部に木材がある場合に稀に起こり得る破壊の一つとして取りあげておく．

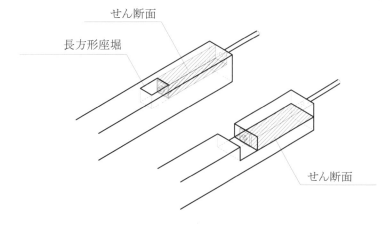

図4.10-4　座堀型と欠き込み型のせん断面積の違い

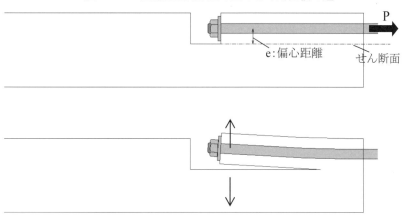

図4.10-5　切り欠きによって割裂を伴うせん断

図4.10-6　引張り破壊を伴ったせん断破壊の例[3]　　図4.10-7　ボルト挿入孔に沿った割裂[3]

本書では割愛したが，CLT パネル工法における引きボルト接合の破壊性状は直交ラミナの存在により特徴的であるため，興味のある方は参考文献[4]にて確認いただきたい．

【参考・引用】
1) 山口和弘，宮田雄二郎，川原重明，稲山正弘：プレカット加工を用いた引きボルト式木質ラーメン構造の研究：(その 2) 構造性能および力学モデルの実験による検証，日本建築学会大会学術講演梗概集, pp.391-392, 2008
2) 早崎洋一，荒木康弘，河合直人，稲山正弘，中島史郎：引きボルト式集成材フレーム接合部の強度性能に関する研究，日本建築学会大会学術講演梗概集, pp.447-448, 2014
3) 河原 大，田尾玄秀，佐々木賢太，青木謙治，稲山正弘，大野英克，亀山雄搾，大塚紘平：引きボルトを用いた集成材継手の引張性能に関する研究，日本建築学会大会学術講演梗概集 pp87-88, 2016
4) 鈴木 圭，小林研治，青木謙治，稲山正弘，槌本敬大：CLT 構造における引きボルト接合部の強度性能の推定，日本建築学会構造系論文集 726, pp.1289-1299, 2016.8

4.11 めり込み型モーメント抵抗接合

ここではめり込み型モーメント抵抗接合の代表的な事例として伝統的な木造建築に見られる貫接合部を取り上げる．貫構造は我が国における伝統的木造建築構法の一つで，柱と柱の間に上下方向に配した数段の横架材（貫）を柱の孔に通し，楔を打ち込んで固定し接合部とすることにより地震力や風圧力などの水平力に抵抗しうる架構を構成するものである．貫構造の水平抵抗性能は，各部材のめり込み抵抗により生じる貫接合部のモーメント抵抗により発現する．このため，貫構造の水平抵抗性能を評価する場合には，部材の変形性能とともに貫接合部のモーメント抵抗性状を把握しておくことが必要となる．

4.11.1 貫接合部のモーメント抵抗のメカニズム

貫接合部に強制的な回転変形を与えた場合，各部材の接触部分およびその近傍にめり込み変形が生じ，そのめり込み変形に応じたモーメント抵抗が発生する．めり込みは楔，貫，柱貫孔の各接触部に生じるが，各部材のめり込みの程度は使用する樹種の組み合わせにより異なるものとなる．ここで，強制的な回転変形を与えた場合の楔と貫および貫と柱貫孔の接触部分に生じる応力について見ると図 4.11-1 のようになる．鉛直方向のめり込み抵抗力だけではなく，それに付随して別の抵抗力も生じる．白抜き矢印の「めり込みによる滑り抵抗力」とは，楔が貫にめり込んだ際に楔の貫孔が貫のめり込んだ分から受ける水平方向の滑り抵抗力である．同様の応力が楔と柱貫孔の接触部分にも生じていると考えることができる．図 4.11-1 では貫孔の両側から楔を打ち込む一般的な楔（以降，分離型と呼ぶ）の場合を示している．楔は柱貫孔と貫の間の遊びをなくし，柱と貫の間に回転を生じにくくするために打ち込まれるが，回転変形が進むと同図のように力を受けない側の楔と柱貫孔の間には乖離が生じることになる．

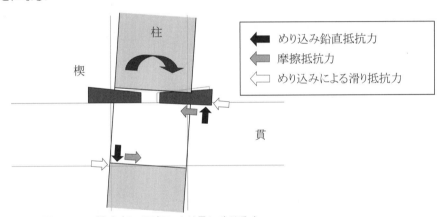

図 4.11-1 接合部の回転により貫に生じる力

4.11.2 貫接合部の変形性状

1) 各部材のめり込み性状

柱，貫，楔の別に荷重とめり込み変形の関係を調べるために実施した基礎的試験の結果について述べる．ここでは比較的規模の大きい建物を想定して柱断面を 210×210mm，貫断面を 60×160mm とし，楔形状を図 4.11-2 に示す 2 種類を取り上げる．貫は意図的に通常よりも大きめの断面とした．ラップ型（重ね楔と呼ばれることもある）の楔は伝統木造建築によく見られるもので，貫孔内で左右の楔が重なるように打ち込まれる．柱と貫の樹種はヒノキとした．楔の幅は貫と同じく 60mm とし，分離型（一般に両楔と呼ばれているもの）とラップ型のそれぞれについて，ヒノキとケヤキの 2 種類の樹種を用いた．この試験では，柱，貫，楔のそれぞれについて，荷重が伝わる部材の形状を考慮した鋼製の加圧板を用いて圧縮載荷を行い，荷重とめり込み変形の関係を調べた．

図 4.11-2 楔形状（単位：mm）

各部材の破壊状況を図 4.11-3 から図 4.11-8 に，荷重－めり込み変形の関係を図 4.11-9 から図 4.11-11 にそれぞれ示す．ここで言うめり込み変形とは，被圧部の全厚さの変化分をさす．載荷はめり込み変形が 8 mm（ラップ型楔のみ 6mm）前後に達した際に終了した．

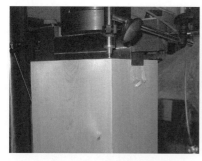

図 4.11-3 柱の破壊状況

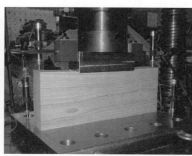

図 4.11-4 貫の破壊状況

図 4.11-5 分離型楔(ヒノキ)の破壊状況

図 4.11-6 分離型楔(ケヤキ)の破壊状況

図 4.11-7 ラップ型楔(ヒノキ)の破壊状況

図 4.11-8 ラップ型楔(ケヤキ)の破壊状況

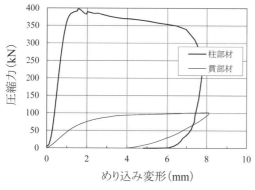

図 4.11-9 柱および貫の荷重－めり込み変形関係

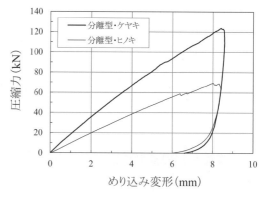

図 4.11-10 分離型楔の荷重－めり込み変形関係

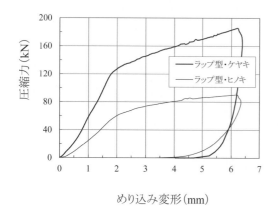

図 4.11-11 ラップ型楔の荷重－めり込み変形関係

上記の結果より，同じ荷重に対するめり込み変形の大きさが各部分でどれだけ異なるかが把握できる．楔のめり込み抵抗性状については，ケヤキを用いたラップ型のものが耐力的に有利であることがわかる．

2) 貫接合部の曲げモーメント－回転変形関係と破壊状況

本節で取り上げた4種類の楔のうち分離型ヒノキ楔を除く3種類の楔を用いた場合について，実大接合部試験体による曲げ実験を実施した．図4.11-12に接合部の詳細を，図4.11-13に実験装置をそれぞれ示す．柱の断面は210×210mm，貫の断面は60×160mmであり，柱貫ともにヒノキである．載荷は予め設定した変形角毎に正負交番3回の繰り返し加力を行い，装置の変形限界となる最終加力は1回のみとした．図4.11-14に各試験体の曲げモーメント－変形角関係を示す．いずれの試験体も変形角1/10rad前後で最大耐力に達するか達しないかの状況にあるが，このような大きな変形に至るまで粘り強い性状を有していることがわかる．貫接合部の大きな特徴は1回目と2回目以降のループ形状が異なる点にある．2回目以降はループの膨らみがほとんどないスリップ型のループ形状となるが，これは貫などにめり込み残留変形が生じたために起きる現象である．

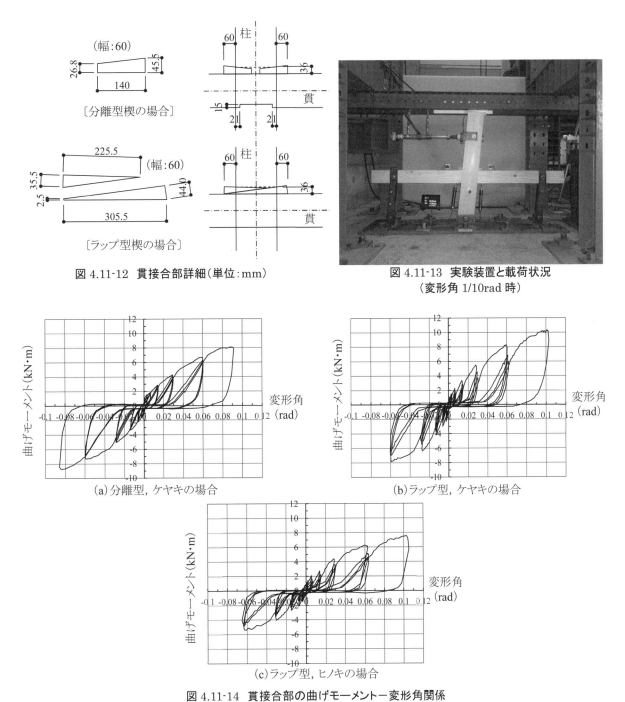

図 4.11-12 貫接合部詳細（単位：mm）

図 4.11-13 実験装置と載荷状況（変形角 1/10rad 時）

(a) 分離型，ケヤキの場合

(b) ラップ型，ケヤキの場合

(c) ラップ型，ヒノキの場合

図 4.11-14 貫接合部の曲げモーメント－変形角関係

基礎的試験の結果(図 4.11-9 から図 4.11-11)によるめり込み抵抗性状の差が貫接合部の耐力性状の差に関係すると考えられるが,実際には楔は正負交番繰り返し加力を受ける間にランダムに動き,接触部分等の条件が変化するため,基礎的試験の結果に基づいて実際の貫接合部の耐力性状(荷重－変形関係)を推定することは難しい.基礎的試験では,同じラップ型でもヒノキかケヤキかで図 4.11-11 に示すように耐力・剛性に差があり,それは貫接合部の実験結果の違い(図 4.11-14 の(b)と(c))に対応している.一方,ケヤキの楔で分離型かラップ型かでも図 4.11-10 と図 4.11-11 に示すような差があり,こちらも貫接合部の実験結果の違い(図 4.11-14 の(a)と(b))に対応している.しかしながら図 4.11-14 の(a)と(b)を比較すると,繰り返し 1 回目には明らかな差が生じているに対し,2 回目以降の性状は似通ったものになっている.同じ樹種の楔の場合,繰り返し加力等によって一度貫上面を滑り始めた後は,以下に述べるような局部的な潰れが各部材に同様に生じることがあり,そのような際には楔の形状が異なっていても貫接合部の耐力性状に目立った差が生じなくなる場合があると考えられる.

図 4.11-15 から図 4.11-17 に各試験体の変形・破壊状況を示す.図 4.11-15 の(a)は最大変形角時の楔のめり込み状況であるが,楔が止まっている位置は加力前の最初の位置より 2mm ほど柱側である.楔は変形角の増大に伴って徐々に外側に抜け出していくと考えられがちであるが,このような繰り返し載荷実験や貫架構の振動実験では,楔が徐々に内側に入っていく場合が多く確認されている.貫表面に一度めり込み残留変形(溝)ができてしまうと,その溝より内側で止まることはあっても外側に出ることはほとんどなくなる.図 4.11-16 の(a)も溝で楔の動きが止められた例であるが,こちらは最初の位置より 7mm ほど外側で止まっている.図 4.11-17 の(a)は最初の位置より 3cm ほど外側にあるが,わずかに溝が確認できる.一方,このような溝ができなかった場合には図 4.11-16 の(b)のように,貫の表面との間に摩擦を生じながら滑り動くことになる.

各部材のめり込みの程度には図 4.11-9 から図 4.11-11 に示したようなめり込み耐力の大小関係が影響する.楔がケヤキの場合には,図 4.11-15 の(b)のようにヒノキ柱の楔接触部には圧縮による潰れが生じており,その表面は楔との摩擦で毛羽立っている.楔の方にも柱との接触部分に圧縮による潰れが若干残った.一方,楔がヒノキの場合には,図 4.11-17 の(a)のように楔が著しく潰れる一方で,同図(b)のように柱の楔接触部にはほとんど変化が生じない.また,図 4.11-1 に示したように楔部分と対称の位置になる貫下面と柱貫孔の接触面にも楔部分と同様の力が作用するため,図 4.11-15 から図 4.11-17 の各図の(c)に示すようなめり込み残留変形が生じる.分離型ケヤキ楔を用いた試験体は貫下面に掛け子彫りを設けているが,この部分に曲げによる割裂応力が発生し,図 4.11-15 の(c)に見られるようなひび割れを生じる場合がある.

  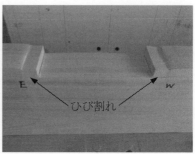

(a) 楔の貫へのめり込み　　　　(b) 柱の楔接触部の潰れ　　　　(c) 貫下面のめり込み

図 4.11-15 接合部の変形・破壊状況(分離型ケヤキ楔の場合)

(a) 楔の貫へのめり込み　　　　(b) 楔のぬけ出し　　　　(c) 貫下面のめり込み

図 4.11-16 接合部の変形・破壊状況(ラップ型ケヤキ楔の場合)

  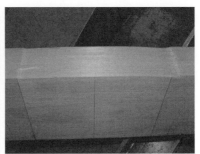

　　(a) 楔の潰れ　　　　　　　　(b) 柱の楔接触部　　　　　　　(c) 貫下面のめり込み
図 4.11-17　接合部の変形・破壊状況（ラップ型ヒノキ楔の場合）

【参考・引用文献】
1) 日本住宅・木材技術センター：木造軸組構法等の開発業務報告書－貫構造・差鴨居構造設計方法の開発－, 建設省委託事業報告書, 1986.3
2) 稲山正弘：貫構造の設計, 地震に強い[木造住宅]パーフェクトマニュアル, エクスナレッジ, 2003
3) 北守顕久, 加藤泰世, 片岡靖夫, 小松幸平：伝統木造における貫接合部の耐力発現モデルの提案と実験的検証, 木材学会誌, Vol.49, No.3, pp.179-186, 2003
4) 楠寿博：貫接合部構造実験のための材料基礎試験報告書, 竹中工務店技術研究所試験報告書, 2008.3
5) 楠寿博, 松永裕樹：貫接合部の履歴特性のモデル化手法に関する研究, 日本建築学会技術報告集, 第 20 巻, 第 46 号, pp.933-938, 2014.10

5　構造要素

　構造要素は，構造解析における要素単位であり，前章までに紹介してきた部材や接合部も構造要素の一つである．木質構造物がどこから壊れるか，あるいは，どこから壊すのかを考えるとき，実際の力の流れに対して個々の要素が構造体の一部分としてどのように挙動するのかを理解することが必要不可欠であるが，このとき，鉛直荷重支持要素，水平荷重抵抗要素といった，ある程度の集合体として構造要素をとらえることも必要である．本章では，部材を接合して構成される構造要素単位のうち，水平荷重抵抗要素である筋かい耐力壁と面材耐力壁，鉛直荷重支持要素である組立部材について，変形と破壊の特性を示す．

5.1　筋かい耐力壁

　筋かい耐力壁は，住宅をはじめとする在来軸組構法の壁に用いられてきた代表的な構造要素である．旧来の筋かいは，圧縮で効かせるものであったが，平12建告1460号によって筋かい端部を金物で留めつけることが規定されたことを受け，現在の筋かいは引張に対しても有効であるものが大半である．一般的に筋かいの有効細長比は小さく，圧縮で効かせる場合には，座屈との兼ね合いで性能が決まる．筋かいの仕様は施行令45条において，引張筋かいとしては厚さ15mm以上，幅90mm以上のものが，圧縮筋かいの場合は厚さ30mm以上，幅90mm以上のものが規定されており，三ツ割材（30×90mm）未満のものは圧縮には効かないものとして扱われている．施行令46条にて，筋かいの断面で壁倍率が規定されているが，同じ断面の筋かいであっても圧縮で効かせる場合と，引張で効かせる場合とでは性能が異なるため，筋かい耐力壁を配置する際は，圧縮筋かいと引張筋かいとを交互にバランスよく配置しなくてはならない．

　筋かいは，その端部を柱と横架材との仕口に接近して，ボルト，かすがい，くぎ，その他の金物で緊結しなければならない．とりわけ，引張筋かいとする場合にはその端部の接合性能が重要となる．なお，筋かいをたすき掛けにすることも可能であるが，この場合，筋かいは欠込みをしてはならず，やむを得ない場合には，必要な補強を行なわなくてはならない．

　ここでは，筋かい耐力壁の筋かい端部を金物で接合した場合を例に，同形状の接合金物の鋼板厚，接合具の本数，長さを変更し，それぞれの組合せによる荷重履歴曲線の変化や破壊性状の違いを紹介する．鋼板厚は住宅用で多く用いられている厚さ2.3mmのもの（t2.3）や厚さ1.6mmのもの（t1.6）を基本として，それよりも薄い0.6mmのもの（t0.6）と厚い3.2mmのもの（t3.2）を用意した．ビスについては住宅用の構造金物に用いられているものから長さが45mmのビスと75mmのビスを用意した．なお，実験は，試験体の高さを桁と土台の芯-芯間距離で2730mm，壁長さを柱の芯-芯間距離で910mmとした筋かい耐力壁による水平せん断試験とし，耐力壁高さに対する桁と土台の水平変位量差の割合を変形角として荷重との関係で評価したものである．

5.1.1　引張筋かい

1)　接合金物（鋼板）の厚さに変化を与えた場合

　鋼板が薄くなるほど，接合金物自体が変形することから，脆性的な破壊をすることなく耐力壁の変形性能を大きくすることができるが，剛性が失われ，耐力も低くなる．図5.1-1から図5.1-4は，接合具（ビス）の長さ及び数量を同条件として，筋かい側を45mmのビス6本，柱側を75mmのビス6本とし，留めつける鋼板の厚さをt0.6，t1.6，t2.3，t3.2に変化させた場合の破壊性状である．

　鋼板が薄い場合には，金物の変形を伴いながら柱側のビスがパンチングアウトし，荷重が低下した．鋼板厚がt0.6のものは鋼板だけが大きく損傷し，筋かい側，柱側のビスに動きは見られなかった．鋼板厚がt1.6のものは，パンチングアウトが少し抑えられているため荷重は上回ったが，柱の木口に近い方から徐々にパンチングアウトし，金物が柱の木口の遠いビス位置を中心に回転したことで，筋かいが割裂した．

　鋼板が厚い試験体では，柱側のビスのパンチングアウトはなく，柱からの引き抜けにとどまり，終局は，金物の変形はほとんどなく，筋かい側端部におけるビスのせん断による端抜けやビスの引き抜けを伴う割裂であった．

図 5.1-1 最終破壊状況:鋼板厚 0.6 mm

図 5.1-2 最終破壊状況:鋼板厚 1.6 mm

図 5.1-3 最終破壊状況:鋼板厚 2.3 mm

図 5.1-4 最終破壊状況:鋼板厚 3.2 mm

　荷重と変形角の関係(図 5.1-5)で比較してみると,鋼板の厚さが薄いと最大耐力は低くなっている.鋼板が薄い場合には,金物の変形によって筋かいに留めつけたビスには均等に力が作用しないので,ビス 6 本[全体]としての引き抜き耐力を最大限発揮することなく,終局破壊に至る.鋼板の変形が全体変形を占める割合は大きく,接合金物(鋼板)の厚さを増すことで初期剛性を改善することが可能である.一方,鋼板厚 t2.3 は鋼板の変形を伴うものの,柱側のビスの引き抜け,筋かい側のビスのせん断による割裂が見られ,特定の接合部分に大きな応力集中は見られなかった.鋼板厚 t3.2 では,鋼板が変形しなくなったことにより,柱側のビスの引き抜き,筋かい側のビスのせん断による引き裂きがより大きくみられた.鋼板厚 t2.3 と t3.2 は最大荷重と最大荷重時の変形角が同じとなっているが,t3.2 はビス量を増やすことで最大荷重を向上させる余地があると考える.

　以上のことから,同じビス量であっても,鋼板によって荷重変形関係の特性は異なっており,負担させようとする荷重と,それぞれの接合部のバランスを考慮する必要がある.余力を付与することを目的として,特定部位の荷重を大きくとることがあるが,全体的なバランスに影響を及ぼすことも考えられるため,設計に際しては最終的な破壊をどの位置でどのようにさせるかを十分に検討しておく必要がある.

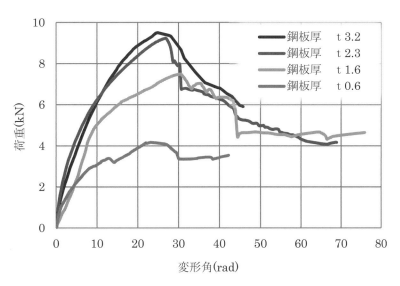

図 5.1-5 金物の厚さを変えた場合の荷重変形関係

2) 柱側のビスの長さに変化を与えた場合

　図 5.1-6 と図 5.1-7 は, 鋼板厚が t3.2 で, 筋かい側に 45mm ビスを 6 本に対して, 柱側のビス 6 本の長さを 45mm と 75mm とで比較した場合の最終破壊性状である. 45mm では柱側のビスの引き抜けがほぼ同時に起こったが, 75mm では柱側のビスが個々に引き抜けが生じたのちに筋かい端部の木材が集合型せん断破壊(図 4.9-7)した. 両者の違いは荷重変形角関係(図 5.1-8)において, 最大荷重に現れているが, 初期剛性はビスの長さが変化しても同等の値であった. 75mm の引き抜けが生じた後の 1/30rad 以降の挙動は, 45mm とほぼ同じであった. この試験では, 筋かいの角度から, 柱側のビスの引抜力とせん断力の関係は, 1:3 で負担するものである. 柱のビスの長さは異なっているが, 軸径がほぼ同等であるため, せん断強度は等しいものである. 実験では, 破壊が柱側, 筋かい側と異なっても荷重変形関係の履歴特性に大きな差は見られなかったが, 筋かい側, 柱側のビス量の差によっては破壊性状が異なるケースも考えられる. したがって, 初期変形時の荷重変形関係はほぼ等しくても, 破壊性状はビスの長さによって異なること, つまり, 耐力壁が一次設計の範囲を超えた後にどれだけの余力を有するかについては, 破壊性状に依存するということに留意する必要がある. とりわけ, すべてのビスがほぼ同時に引き抜けると脆性的な荷重変形関係となりやすいため, 注意が必要である.

図 5.1-6 最終破壊性状:柱側ビス 45mm

図 5.1-7 最終破壊性状:柱側ビス 75mm

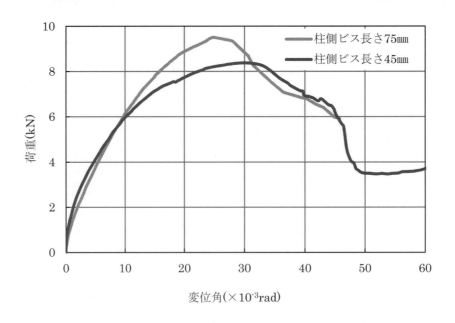

図 5.1-8 柱側ビス長さを変えた場合の荷重変形関係

3) 筋かい側のビスの本数に変化を与えた場合

ビスの本数が増えると剛性及び耐力も高くなるが，鋼板厚が薄いものはパンチングアウトによる耐力低下や筋かい側の破壊による脆性的な破壊がおこる．筋かい側の破壊による場合には構造要素としての性能が大きくばらつくことになる．図 5.1-9 から図 5.1-11 は，鋼板厚を t3.2，柱側 75mm ビスを 6 本として，筋かい側 45mm ビスの本数を，4 本，6 本，8 本で比較した場合の実験例である．

図 5.1-9　最終破壊状況
　　　　　筋かい側ビス 4 本

図 5.1-10　最終破壊状況
　　　　　筋かい側ビス 6 本

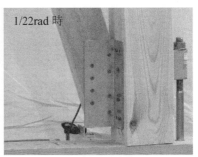
図 5.1-11　最終破壊状況
　　　　　筋かい側ビス 8 本

筋かい側ビス 4 本の場合は，筋かいからのビスの引き抜けであった（図 5.1-9）．ビスを 6 本にすると，柱側のビスの引き抜けを伴う筋かいからのビスの引き抜けであった（図 5.1-10）．8 本の場合は，筋かい，柱の両者ともに，引き抜けは発生しなかったが，筋かい側，柱側にビスのせん断による引き裂きがみられた（図 5.1-11）．筋かいの角度とビスの配置にもよるが，筋かい側のビスの引き抜けが先行すると，金物の回転を許容し，柱側のビスの引き抜けを引き起こすが，筋かい側のビスをバランスよく十分な本数で留めつけることで，柱側からのビスの引き抜けを抑制することができたものと考えられる．3 者を荷重変形曲線（図 5.1-12）で比較すると，ビス 8 本の場合で最大耐力が少し高くなったが，初期剛性には差がみられていない．筋かい耐力壁の変形性能は，ビスのように初期滑りの少ない接合具で留めつけた場合には，全体の変形角に筋かい端部の変形量がおよぼす影響は小さく，筋かい端部の引張耐力を十分に負担できれば，安定した性能が得られることがうかがえる．

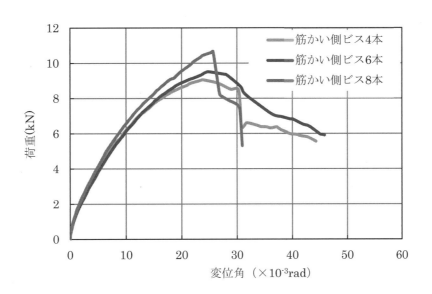
図 5.1-12　筋かい側ビス本数を変えた場合の荷重変形関係

5.1.2 圧縮筋かいの場合

筋かいが圧縮側に作用するように加力した場合は，筋かい端部の土台や桁へのめり込み，筋かい金物と筋かいを留め付ける接合具のせん断，筋かい材の圧縮で荷重負担する．変形が大きくなると，筋かいは座屈する（図 5.1-13）．筋かいへの欠き込み制限に加え，節などの欠点が顕著である場合は，折損の起点（図 5.1-14）となる[1]ため，避けることが望ましい．

図 5.1-13 圧縮筋かい座屈の様子　　　　　　　　図 5.1-14 座屈により折損した筋かいの例
　　　（左：座屈前，右：座屈後）　　　　　　　　　　　　　（左：製材，右：LVL）

図 5.1-15 は圧縮筋かいにおける端部の変形の様子である．住宅用の筋かい接合部の場合は，筋かいの座屈とともに，面外に変形し，一部の鋼板がめくれあがっている．図 5.1-16 は，比較のために筋かい端部がピン支持となるように作製した実験用の特殊金物で接合した場合の変形の様子であるが，終局においては，住宅用の筋かい接合部と同様の座屈が観察されている．

図 5.1-15　座屈破壊した筋かい端部　　　　　　　図 5.1-16 座屈破壊した筋かい端部
　　　（住宅用筋かい金物）　　　　　　　　　　　　（端部をピン支持にする特殊金物）

図 5.1-17 に，筋かい材にスギ，ベイツガ，LVL を用いて住宅用接合金物とした場合の荷重と変形角の関係に加え，前掲の筋かい端部をピン支持とした特殊金物で接合した場合の荷重と変形角の関係を示す．いずれの試験体においても筋かいの座屈によって曲げ破壊することから，筋かいのヤング率の序列と最大荷重の序列は同じ関係となっている．筋かい端部をピン支持とした特殊金物仕様の変形曲線は，住宅用金物とは異なり，その変位差は，筋かい端部のめり込みやビスのせん断に相当するものと考えられる．住宅用筋かい金物は筋かいの片面に一面せん断で取りつくことから，壁のせん断変形と同時に筋かい材の座屈が始まるが，ピン支持としたものは，一定の荷重までは座屈は起こらず，突然に座屈が始まる．なお，住宅用の筋かい金物を取り付けた筋かいは，金物が無い方向へ必ず座屈するが，ピン支持の筋かいは，座屈方向は一定ではなかった．

ただし，実際の建物に取り付けた場合には，外装材，内装材で筋かいの座屈が拘束されることから，破壊性状はそれらの影響を受けることがあるものと予測される．

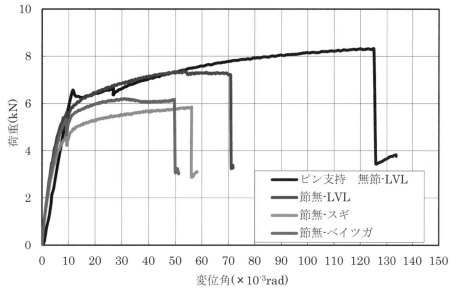

図 5.1-17　圧縮筋かいの荷重-変形曲線

以上より，圧縮筋かいの断面は大きい方が端部のめり込みや座屈に対して有利であるといえるが，筋かいの座屈が生じるか否かについては，筋かい端部の留めつけ方の影響を受けることから，引張性能との兼ね合いが重要であるといえる．実際の地震時には，圧縮筋かいとして配置したとしても引張の力を受け，引張筋かいとして配置したとしても圧縮の力を受けるものである．したがって，引張筋かいは引張だけの性能，圧縮筋かいは圧縮だけに特化するのではなく，逆方向の力に対してどのような性能があるか，逆方向の力を受けた後に正方向への性能に影響があるのかといったことにも目を向けておくことが重要である．

【参考・引用】
1) 野本浩平, 鶴田純一, 杉本泰輝, 照井清貴, 大橋好光:筋かい材の不具合が構造的性能に及ぼす影響に関する実験的研究 その1 筋かいの欠点について, 日本建築学会大会学術講演梗概集(北海道), pp. 287-288, 2013. 8

5.2 面材耐力壁

5.2.1 面要素の種類と役割

1) 面要素の役割と種類，適用部位

　構造用合板などの構造用面材料を柱梁などの軸組あるいは枠組にくぎ打ちや接着などをして得られる構面は，地震力や風圧力などの水平力に抵抗する主要な構造要素である．近年の木造住宅や中大規模の木造建築物では，これらの面材料を用いた構面を耐力壁や水平構面，まぐさ等に多用した壁式構造を採用する例が増えているが，伝統的な木造建築物では竹小舞に土を塗り込んで作る土塗り壁や，前項の筋かい耐力壁も面要素の一つである．外装仕上げも加えると，近年の木造住宅でも防火の観点から湿式のモルタルを塗った外壁が採用されるなど，面要素として木造建築物に利用されている壁の仕様には様々な種類がある．

　構造用面材料をくぎ打ちした構面の場合は，水平力にはくぎ接合部を介して面材がせん断力に対して抵抗する機構となっているため，くぎの太さや長さ，くぎ打ち間隔を変えることにより，そのせん断抵抗力を変化させることが可能である．一方，構造用面材を接着した構面では，接着層を介して面材がせん断抵抗するため接合効率が高く，比較的薄い面材料を用いても高いせん断抵抗性能を発揮する場合が多い．土塗り壁についても，下地の構成や塗り土の厚さ等によってそのせん断抵抗力は異なり，モルタル壁についても下地の種類やモルタルの塗り厚によってせん断抵抗力は変化する．構造用面材料には基準強度が法令で定められておらず，土塗り壁やモルタル壁についても同様に基準強度が無いので，軸組や枠組を含めた構面としての性能を壁倍率や床倍率といった数値を法令で定めることで性能を担保したり，大臣認定を取得したりすることによって木造建築物における耐震要素としての使用を可能としている．また，くぎ接合部の性能から構面の性能を数値計算で求めることによって，任意性能の構面を設計に用いる事も可能である．

2) 構造用面材料の種類と規格・基準

　木造建築物によく用いられる構造用面材の種類としては，構造用合板，構造用パネル（OSB），パーティクルボード（PB），中密度繊維板（MDF），せっこうボード（GB）等がある．それぞれの材料についての概略，規格などを簡単に解説する．

(1) 構造用合板（Plywood）

　合板（ごうはん）とは，木材（丸太）から切削して得られた単板（たんぱん）を 3 枚以上，互いに繊維方向が直交するように積層接着したものである．さらに構造用合板については，合板のうち「建築物の構造耐力上主要な部分に使用するもの」となっている．構造用合板は，合板の日本農林規格（JAS）[1]でその製造方法や強度性能の基準値が規定されており，それに適合したものだけが耐力壁等に使用することができる．構造用合板には基準強度が定められていないが，曲げと面内せん断の許容応力度については木規準[2]で提案されている．

(2) 構造用パネル（OSB：Oriented Strand Board）

　構造用パネルとは，小径の木材から削り出した細長い木片（ストランド）を接着剤を噴霧して 3 層構造として熱圧成型されたものであり，木材の繊維方向に細長いエレメントを配向して積層するため，木質系面材料の中では比較的高い曲げ性能を持っている．構造用パネルは，構造用パネルの日本農林規格（JAS）[3]でその強度性能の基準値が決められており，強度性能は 1 級から 4 級の 4 つに区分されている．構造用パネルの基準強度や基準弾性係数（面内せん断弾性係数を含む）は，日本ツーバイフォー建築協会の「2007 年枠組壁工法建築物構造計算指針」[4]に提案されている．

(3) パーティクルボード（PB：Particle Board）

　パーティクルボードとは，木材などの小片（チップ，ウェファー，ストランドなど）を主な原料とし，接着剤を噴霧して熱圧成型されたものであり，用いる接着剤の種類により P, M, U の 3 タイプがある．原料には主として工場残廃材や，住宅解体材などの木質系廃棄物が利用される．パーティクルボードは，日本工業規格（JIS A5908:2015）[5]で定義されており，強度性能区分（18, 13, 8 タイプ），曲げ強さ，湿潤時曲げ強さ，剥離強さ，木ねじ保持力などについて基準値が定められている．

(4) 中密度繊維板（MDF：Medium Density Fiberboard）

繊維板とは，チップ状の木材をさらに細かく解繊して得られたファイバーに，接着剤を噴霧して熱圧成型したものであり，その密度や製法によって，インシュレーションボード(IB)，ハードボード(HB)，MDF に略称される．いずれもくぎ打ち構面として利用可能であるが，最も利用されているのは MDF である．MDF は日本工業規格(JIS A5905:2014)[6]で密度 0.35g/cm^3 以上（構造用 MDF は 0.70g/cm^3 以上 0.85g/cm^3 未満）と定義されており，曲げ強さ，湿潤時曲げ強さ，木ねじ保持力の試験などが規定され，30, 25, 15, 5 タイプの 4 つの強度等級に区分されている．

(5) せっこうボード（GB：Gypsum Board）

せっこうボードとは，日本工業規格(JIS A6901:2014)[7]でせっこうを芯としてその両面と側面をせっこうボード用原紙で被覆した板のことと定義されており，用途に応じて様々な種類がある．構造用途としては，せっこうボード(GB-R)，強化せっこうボード(GB-F)，構造用せっこうボード A 種(GB-St-A)，同 B 種(GB-St-B)の 4 種類が使用されている．せっこうボードの基準強度や基準弾性係数（面内せん断弾性係数を含む）は，日本ツーバイフォー建築協会の「2007 年枠組壁工法建築物構造計算指針」[4]に提案されている．

材料についての規格は上記のように JIS, JAS で定められているが，面材張り構面として構造用途に用いる場合は，その面内せん断性能が明らかとなっている必要がある．一般的な木造住宅であれば，法令で定められた数値（壁倍率，床倍率）を用いる事により，簡易的に耐震性を確保することが可能である．参考までに，昭 56 建告 1100 号[8]に規定された面材張り耐力壁の倍率を表 5.2-1 に示した．上記の面材料が告示に位置付けられていることが分かるが，MDF は今のところ告示には位置付けられておらず，製造メーカーが独自に大臣認定を取得して運用している．

表 5.2-1 面材大壁耐力壁の面材の種類と壁倍率

面材の種類	留付方法	倍率
構造用合板 厚 7.5mm 以上	N50 @15cm 以下	2.5
構造用パネル		
パーティクルボード 厚 12mm 以上		
ハードボード 450, 350 厚 5mm 以上		2.0
硬質木片セメント板 0.9c 厚 12mm 以上		
炭酸マグネシウム板 厚 12mm 以上	GNF40 又は GNC40 @15cm 以下	1.5
パルプセメント板 厚 8mm 以上		
構造用せっこうボード A 種 厚 12mm 以上		1.7
構造用せっこうボード B 種 〃		1.2
せっこうボード・強化せっこうボード		0.9
シージングボード 厚 12mm 以上	SN40 外周@10cm 以下その他@20cm 以下	1.0
ラスシート（角波亜鉛鉄板 厚 0.4mm 以上）	N38@15cm 以下	

3) 土塗り壁

土塗り壁は，古くから日本の木造住宅に用いられてきた水平力抵抗要素であり，重要な面要素である．土塗り壁の面内せん断性能は，土の種類や塗り厚，下地の構成などにより様々に異なり，一義的に性能を決められるものではない．土塗り壁の力学的挙動の解明に関する研究は，この 10 年ほどで急速に進展し，理論式の構築も進んでいる．詳しくは本学会の「木質構造基礎理論」[9]を参照されたい．

4) モルタル壁

モルタル壁は，主に住宅の外壁仕上げとして用いられてきたもので，防耐火の観点から住宅の外壁仕上げ材として多用されている．ひび割れたモルタル壁は水平力に対する抵抗要素にはなりにくいが，健全なモルタル壁はある程度の水平力負担性能を有する面要素となる．木ずり＋ラス下地，合板下地，通気胴縁＋ラス下地などの様々な下地が使われるが，モルタル部分は硬化すると一体となるため，モルタルと下地との留め付け方によって壁の性能も決まると言って良い．

5.2.2 破壊形式の分類とキーワード, 用語の定義

本項では, 面要素の破壊形式を分類すると共に, 特徴的な用語の定義について解説する.

(1) 面内せん断破壊

外周部に沿ったせん断力によって生じる面材料の面内方向に生じる破壊のこと. またそれにより面材料の断面が切断されるような破壊形態を面内せん断破壊という. 脆性的な破壊形態であるため, なるべく避けるべき破壊である.

(2) 層内せん断（ローリングシア）破壊

面材料の面外方向に生じるせん断力により面材料の厚さ方向にずれるような破壊形態をローリングシア破壊という. 脆性的な破壊形態であるため, なるべく避けるべき破壊である.

(3) 側面抵抗

くぎ接合部において接合具の側面(胴部)が面材料にめり込み抵抗することを側面抵抗といい, くぎ1本あたりの側面抵抗性能とくぎ打ち面材張り耐力壁の耐力とは概ね比例関係にあることが知られている.

(4) 頭部貫通（パンチングアウト）

くぎ接合部において, くぎの頭部が面材料を貫通して破壊すること. 面材料の密度が低い場合, 面材料の厚さが薄い場合, 軸材の密度が高く引き抜き抵抗が大きい場合に起こる. パンチングアウトするとくぎの耐力保持がなくなるため, できればこの破壊は避けてくぎの引き抜きが支配的となるような構面の設計が望ましい.

(5) 縁切れ（端抜け）

くぎ接合部においてくぎの変形に伴い面材の端部がせん断破壊すること. 木材の繊維が切れている木質ボード類によく見られる破壊形態. 面材厚さの確保, 縁端距離の確保によってある程度防ぐことができる.

(6) 欠け

縁切れと同様に, くぎ接合部においてくぎの変形に伴い面材の端部がせん断破壊して欠けること. 特に木質ボード類の隅角部にくぎが打たれている場合, その角の部分が欠けてしまうことがある. 縁端距離に十分余裕を持たせることが肝要である.

(7) 折損

くぎ接合部において面材と軸材の境界面付近で破断すること. 細いくぎが繰り返し力を受けた場合や, 動的な力で高速に繰り返し力を受けた場合などに見られる.

(8) 引き抜け

くぎの胴部が柱や梁等の構造材から抜け出ること. くぎ頭側の面材部分の破壊(パンチングアウト)が起きない場合は, 変形の進行に伴ってくぎは構造材から引き抜けてくることとなる.

(9) 座屈

薄い面材料を軸材に強固に緊結すると, くぎ接合部での変形が小さくなる代わりに, 面材料自身が座屈変形を起こす場合がある. 特に, 軸材と面材を一体に接合可能な木質接着パネルでは, この形式の破壊がよく見られる.

5.2.3 面要素の変形と破壊の種類

1) 面材張り構面の変形と破壊

ここでは，面材張り構面の変形・破壊を分類するために，各種面材張り耐力壁の面内せん断試験（壁倍率等の性能を求める試験）の結果から特徴的な写真を紹介する．

なお，耐力壁の面内せん断試験とは，図 5.2-1 に示すように，幅 1.82m，高さ 2.73m 程度の壁を組み立て，水平力を漸増させながらその耐力・変形機構や破壊形式などを確認するための実験である．軸組構法であれば，柱頭・柱脚接合部はほぞ仕口に加えて接合金物で緊結されており，接合部が先行して破壊しないようにして実験を行うのが一般的である．面材張りの耐力壁の場合，くぎあるいはビスで留め付けた壁の場合には，一般的に壁全体の耐力および変形はくぎ接合部の性能によるところが大きく，破壊もくぎ接合部が起因となることが多い．一方，接着剤により面材を軸材・枠材に接着した壁の場合には，接着により部材が一体化されるため耐力は高くなるが，破壊は脆性的な破壊形式となる場合がある．

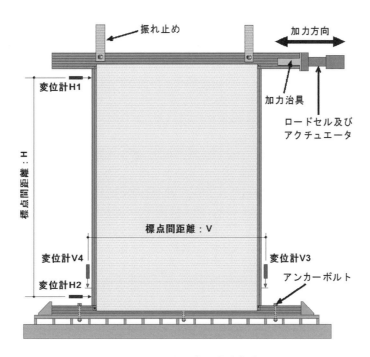

図 5.2-1 耐力壁の試験方法

実験から得られる荷重と変形の関係の模式図を図 5.2-2 に示す．耐力壁に水平力が加わると，加わった荷重とそれによって起こる変形は徐々に増大していき，耐力が最大の所（最大耐力）を過ぎると徐々に荷重が低下し，変形が更に増大して終局を迎えるという関係を示す．構造用合板などの面材料をくぎ打ちした構面の多くは，①のように上に凸の綺麗な曲線を描くことが多く，剛性・耐力が高く，変形性能にも優れた性能を示すものが多い．しかし，②のように，剛性や耐力は非常に高いものの，変形性能が乏しいために脆性的な破壊を生じる危険性の高い構面（例えば接着パネルなど）や，③のように剛性・耐力は低いものの変形性能は非常に高いといった性質を持つ構面（土塗り壁など）など，用いる工法や材料によって耐力壁の荷重と変形の関係は様々であり，最終的な破壊性状も色々存在する．

また，面材張り構面に限っては，用いる面材料の種類によってその強度特性は異なり，くぎ接合部の性能も若干異なるため，その仕様によって様々な荷重－変形関係を示すことが知られている．さらに，くぎの種類やくぎ打ち間隔によって面材張り構面の剛性や耐力はある程度コントロールすることが可能であり，太く長いくぎを使ったり，くぎ打ち間隔を狭めたりすると高耐力・高剛性の構面にすることができる代わりに，変形性能は乏しくなって軸材の割裂破壊や面材料のせん断破壊などの脆性的な破壊を生じる危険性が増す傾向がある．逆に，くぎ打ち間隔を広げるなどして低耐力・低剛性の構面にすると，くぎ接合部の変形を十分に活かした変形性能に富む構面を作ることが可能である．

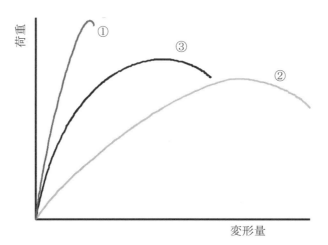

図 5.2-2　荷重-変形関係の例

　面材をくぎ打ちした構面に水平力が作用する時の変形には，軸材（柱や縦枠）の曲げ変形，面材料の面内せん断変形，軸材隅角部の浮き上がりによる回転変形などが含まれる．軸材に対し面外方向から面材料を張り付ける大壁仕様の構面の場合，軸材が平行四辺形に変形するのに対し面材の変形は相対的に小さいため，面材を留め付けたくぎが変形することで構面の変形に追従することとなり，その時のくぎのせん断抵抗（側面抵抗性能）によって構面の水平抵抗が発現する．

　構面の変形が小さい時はくぎ頭の面材へのめり込みが生じ，変形の増大に伴いくぎの引き抜けが始まるが，最終的にはくぎの種類や材料の密度，縁端距離との兼ね合い等により，①くぎの引き抜け（図 5.2-3，図 5.2-4，図 5.2-5），②くぎ頭貫通（パンチングアウト，図 5.2-6），③面材の縁切れ（端抜け，欠け，図 5.2-7，図 5.2-8），④くぎの折損（破断，頭飛び，図 5.2-9），⑤その他（例えば図 5.2-10）に破壊性状が変わってくる．

　面材を接着した構面の場合には，接着面での剥離が起きなければ構面の変形は面材の変形で吸収せざるを得ないため，最終的な破壊は面材の破壊である①面材の座屈（図 5.2-11），②面材の層内せん断破壊（ローリングシア，図 5.2-12）の 2 種類に大別される．

　上記以外に，軸材の割裂や隅角部接合部（柱脚など）における引張破壊が起きて構面としてのせん断抵抗機能が失われる場合がある．また，くぎを密に打ちすぎて面材自体のせん断破壊（図 5.2-13，図 5.2-14）を生じる場合などもある．

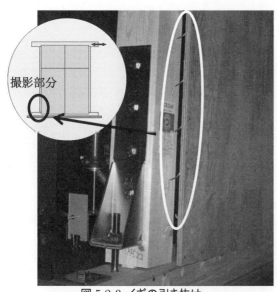

図 5.2-3　くぎの引き抜け
（柱からの引き抜けが支配的な例）

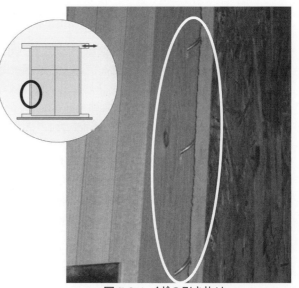

図 5.2-4　くぎの引き抜け
（くぎ頭のめり込みも生じている例）

5. 構造要素 −133−

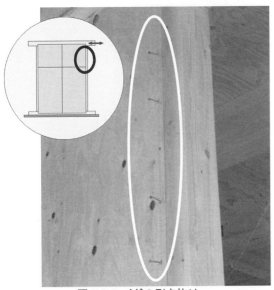

図 5.2-5 くぎの引き抜け
（地震波で揺らすと，くぎだけ浮いてくることもある）

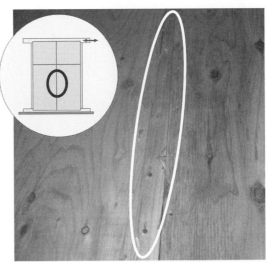

図 5.2-6 くぎ頭の貫通（パンチングアウト）
（面材が薄い場合，密度が低い場合に起こる）

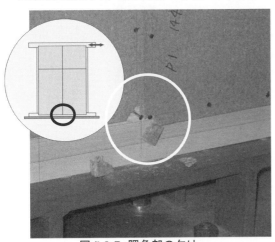

図 5.2-7 隅角部の欠け
（木質ボード類に多く見られる）

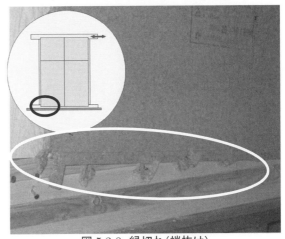

図 5.2-8 縁切れ（端抜け）
（木質ボード類に多く見られる）

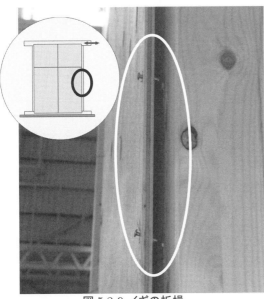

図 5.2-9 くぎの折損
（動的繰り返し力を受けると起こりやすい）

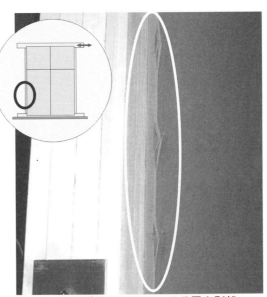

図 5.2-10 くぎ頭のめり込みによる層内剥離
（MDFに特有の破壊形態）

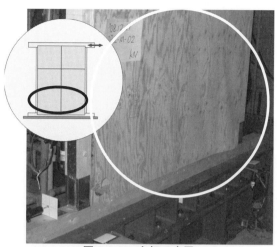

図 5.2-11 合板の座屈
（接着パネルは面材厚が薄いため座屈が起こりやすい）

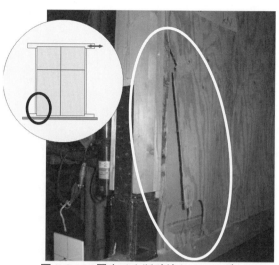

図 5.2-12 層内せん断破壊（ローリングシア）
（合板の層内破壊が破壊の起因となっている）

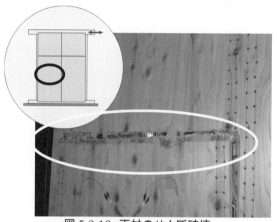

図 5.2-13 面材のせん断破壊
（くぎを密に打ちすぎると面材の面内せん断
破壊が起きる可能性が増える）

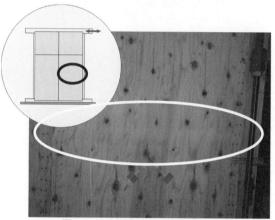

図 5.2-14 面材のせん断破壊
（くぎを密に打ちすぎると面材の面内せん断
破壊が起きる可能性が増える）

2) 土塗り壁の変形と破壊

土塗り壁では，変形が進むにつれて柱と壁土の間で上下方向にずれが生じてひび割れが生じ，荷重が大きくなると壁土のせん断破壊が発生する（図 5.2-15）．せん断ひび割れの生じ方は下地や土の種類などによって様々である．貫が入っている壁では，貫に沿って壁土にひびが入り，変形が進むと剥落し始める（図 5.2-16）．筋かいが併用されている場合には，筋かいの座屈によって竹子舞と共に壁土が面外に押し出され，剥落する（図 5.2-17）．

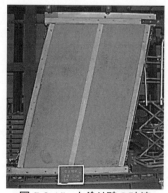

図 5.2-15 土塗り壁の破壊

図 5.2-16 土塗り壁の破壊
（貫に沿って塗り土にひびが入り，剥落し始める）

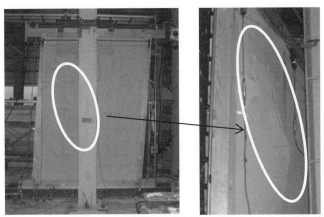

図 5.2-17 圧縮筋かいの座屈により面外に押し出された土塗り壁

3) モルタル壁の変形と破壊

モルタル壁は様々な工法があるため，下地の種類によってその変形性状は異なるが，最も一般的な木ずりを下地としラスと呼ばれる金属製の網（平ラスや波形ラス）をタッカーステープルで留め付けているものに関しては，その壁の劣化の程度（木ずりやタッカーステープルの劣化が生じているか，モルタルに細かいクラックが生じているか）によって破壊形態が若干異なる．ほとんど劣化がないモルタル壁の場合は，モルタル部分に細かいひび割れは発生するものの，構面全体が一体となって木ずりから剥がれ，僅かなタッカーステープルによって軸組に取り付いているような破壊形態となる（図 5.2-18）．一方，図 5.2-19 は，開口部を設けた単層通気工法による既調合軽量モルタル塗りの壁（通気層を確保する縦胴縁に防水紙とラス網を直貼りしてモルタルを塗った壁）の破壊形態である [10]．窓などの開口部がある場合の最大耐力は開口部の大きさと開口隅角部周りの補強の程度によって異なるが，変形の増大に伴い，開口部隅角部に発生したクラックが伸展し，垂れ壁と腰壁は左右の壁と分離して，左右の壁がそれぞれで回転挙動を示す．終局的には軸組側の木ずり板面のせん断変形に対して相対的に剛体で回転挙動するモルタル層の間で変位が大きくなる外周部からのステープルの抜けや破断が発生する．

実際の地震被害においては，モルタルが塊ごとに木ずりから剥がれ落ちるものが多く確認されている（図 5.2-20）．剥落は経年によってモルタルに細かいクラックが生じている場合，筋かいの座屈によって外壁が押し出される収まりとなっている場合，ステープルの足長が短いことなどによって木ずり面のせん断変形にモルタル層が追従できない場合などが考えられるが，モルタルの剥落が下地の仕様の影響を受けると同時に，モルタル層の仕様が建物の耐震性に影響を及ぼすため，モルタル層を単なる外装仕上げととらえるのではなく，モルタル層の面内剛性，モルタル層と木ずり面との力の受け渡し，軸組に対する変形追従性など，周辺部材との相互作用の上でバランスをとることが理想である．

図 5.2-18 新しいモルタル壁試験で見られたモルタル層の剛体回転
（木ずりとの接合点が破壊）

図 5.2-19 開口部付きのモルタル壁の破壊

図 5.2-20 古い住宅のモルタル壁の破壊(地震を受けて剥落したモルタル壁)

【参考・引用】
1) 平成 15 年農林水産省告示第 233 号(最終改正：平成 20 年農林水産省告示第 1751 号)：合板の日本農林規格
2) 日本建築学会編：木質構造設計規準・同解説, 丸善, 2006
3) 昭和 62 年農林水産省告示第 360 号(最終改正：平成 25 年農林水産省告示第 2904 号)：構造用パネルの日本農林規格
4) 日本ツーバイフォー建築協会編：枠組壁工法構造計算指針, (株)工業調査会, 2007
5) JIS A5908:2015：パーティクルボード, (財)日本規格協会, 2015
6) JIS A5905:2014：繊維板, (財)日本規格協会, 2014
7) JIS A6901:2014：せっこうボード, (財)日本規格協会, 2014
8) 昭和 56 年建設省告示第 1100 号：建築基準法施行令第 46 条第 4 項表 1(1)項から(7)項までに掲げる軸組と同等以上の耐力を有する軸組及び当該軸組に係る倍率の数値を定める件
9) 日本建築学会編：木質構造基礎理論, 丸善, 2010
10) 石井壮一郎, 田原賢, 宮村雅史, 小野泰, 中尾方人, 山崎肇：既調合モルタル塗り通気工法外壁の構造性能(その 4)面内せん断試験, 日本建築学会学術講演梗概集. C-1, 構造 III, pp315.216, 2010

5.3 組立部材

　組立部材には各種トラス架構のように主たる抵抗メカニズムが部材軸力となる軸力抵抗型, 重ね梁のように主たる抵抗メカニズムが部材曲げの組合せである曲げ抵抗型の 2 種類が基本であるが, 合板充腹梁のように面材料をせん断型の抵抗要素として組み込んだものもある. 広義には合わせ柱といったものも組立部材に含まれるが, 主に梁として, 大スパンの屋根や床を支持する構造要素に用いるため, 曲げ剛性, せん断剛性も重要視される. 梁として用いた組立部材が鉛直荷重を受けるとき, 加力点位置や接合部の性能によって組立部材各部の応力はスパン方向に渡って不均一であることから, 大きな変形が集中する接合部が最大荷重を超えて耐力低下すると, 破壊が一気に進むおそれがある. とりわけ, 軸力抵抗型の組立梁では上下弦材間のせん断力を伝達する支点近傍のせん断要素と弦材の軸力を伝達するための引張側弦材の継手が設計上厳しい条件になることが多い. また, いずれの組立部材においても構成する個々の部材の曲げ特性が支配的な場合は, たわみがクリティカルな条件になることがある. 組立部材のクリープ特性については, 現在のところ知見が少なく, 変形については十分な安全を見込むべきであるが, 鉛直荷重のみを負担する架構性能としては, 耐震部材のような降伏後の変形性能は必ずしも必要ではない. ただし, せん断や割裂のような木材の破壊は脆性的でばらつきが大きいので, これによって耐力が決定されるような構成には注意が必要である.

5.3.1 メタルプレートコネクターによるトラス

1)　メタルプレートコネクター

　接合部を構成するメタルプレートコネクターは, 図 5.3-1 に示すような一枚の金属板をプレス成型によって複数の歯を立てたような接合具(接合金物)である. ネイルプレート, メタルガセットプレートとも呼ばれるもので, 主に枠組壁工法におけるトラス梁に用いられているほか, 倉庫などの小屋組みに用いられるトラスの接合部に使用されている. 部材の両面からプレートで挟み込むことを基本とする. 基材の金属板が薄いので圧縮力を受けると局部的な座屈を生じるおそれがあり, 基材の強度低下や亀裂の発生, また圧入された歯の抜け出しなども生じるおそれがあるため, 引張力のみを負担させ, 圧縮力の伝達は木材端部の接触によって伝達させることを基本とする.

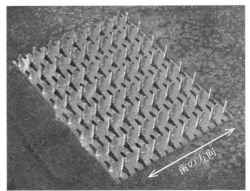
図 5.3-1　メタルプレートコネクター

図 5.3-2　メタルプレートコネクターによる接合

図 5.3-3　メタルプレートコネクターを用いた倉庫の上屋

2) メタルプレートコネクターによる接合の変形・破壊

メタルプレートコネクターによる枠組壁工法構造用製材（樹種：スギ）の継手接合部の引張試験における荷重－変位曲線およびその際の破壊状況を，図 5.3-4 に示す．主な破壊性状は木材に食い込ませたコネクターの歯（鋲）の引き抜けであるが，その際に，図 5.3-4 下段の写真ように矢印が示す木材部分がコネクター幅でブロック状にせん断破壊（集合型せん断破壊，図 4.9-5 参照）する場合がある．この場合は，十分な耐力が得られず，破壊も脆性的であり，注意を必要とする破壊性状である．

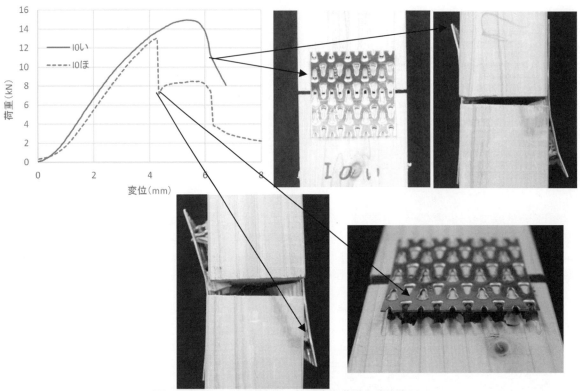

図 5.3-4 継手引張試験体の荷重変形曲線と破壊状況

また，同じく仕口接合部の引張試験における荷重－変位曲線およびその際の破壊状況を，図 5.3-5 に示す．破壊は主に木材に食い込ませたコネクターの歯により直交する部材が横引張力を受け，割裂破壊する．この際に図 5.3-5 の左側の写真のように，歯の平らな面が木材の繊維と平行方向であると繊維に沿って一気に割裂が生じやすいため，注意が必要である．このような割裂が生じないように，直交する部材にかかるプレートの面積を大きくするなどの配慮が必要である．

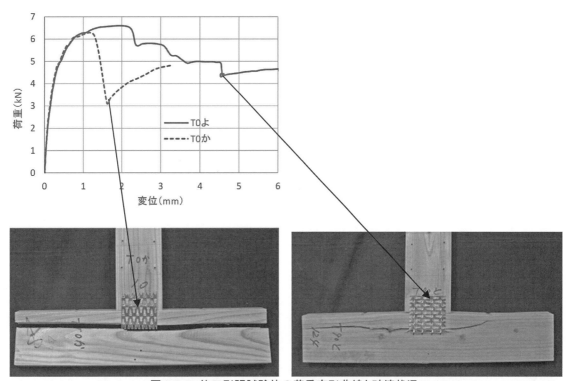

図 5.3-5 仕口引張試験体の荷重変形曲線と破壊状況
（左：コネクターの歯と繊維方向が平行，右コネクターの歯と繊維方向が直交）

3) メタルプレートコネクターを用いたトラス

　トラスがどこから破壊するかについては，トラスの形状とそれに作用する荷重条件，さらには各部材・接合部の配置に依存するが，とりわけ，継手の配置には十分な配慮が必要である．基本的なトラス梁の場合は，下弦材に大きな引張力がかかることから，下弦材での継手が避けられない場合には，ここが最終的な破壊点となりやすい．このため，フェイルセーフ機能を付与するなどの急激な全体崩壊につながらないような配慮が望ましい．メタルプレートコネクターを用いた実大の平行弦トラスの曲げ試験の状況を図 5.3-6 に，荷重たわみ曲線を図 5.3-7 に，試験体全体図を図 5.3-8 に示す．

　図 5.3-9 は，接合部を荷重点間に配置したトラスを単体(1 枚)で曲げ試験した場合の，下弦材継手の破壊性状である．前項で述べた継手接合部の脆性的な破壊のように木部がコネクターと共にブロック状にせん断破壊し，トラス自体の耐力も急激に失われた．一方，継手位置が点対称となるように 2 枚合わせしたトラスの場合には，片側のトラスの継手接合部が脆性的に破壊したとしても，もう片方のトラスがある程度の耐力を保持することができる．実験では，図 5.3-10 のように，終局的には最初に破壊した継手接合部を支えていたもう一枚のトラスに引張破壊が生じたが，図 5.3-7 で示した荷重変形関係のように，耐力は一度，急激に低下するものの，完全な崩壊に至るのを回避している．

図 5.3-6 実大トラス試験全景

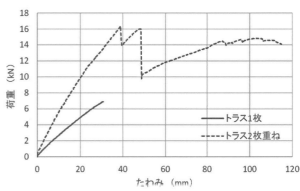

図 5.3-7 実大トラス試験体の荷重変形関係

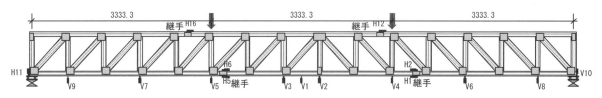

図 5.3-8 実大トラス試験体全体図

図 5.3-9 トラス下弦材接合部の引張破壊

図 5.3-10 2枚合わせトラスの下弦材における引張破壊

図 5.3-11 トラス斜材下端接合部の引張破壊

図 5.3-12 トラス下弦材の割裂破壊

　図 5.3-11 は仕口接合部での破壊の状況であり，引張を受ける斜材においてメタルプレートコネクターの引き抜けが見られる．また，図 5.3-12 は下弦材に割裂を生じさせているが，トラス全体の最終的な破壊の要因にはなっていない．

5.3.2 合板充腹梁 [1),2)]

　合板充腹梁は，構造用製材あるいは小断面の構造用集成材を用いてはしご状に組み立てた梁の両面に構造用合板を腹材（ウェブ）として張った梁である（図 5.3-13）．比較的入手が容易な断面の部材を組み合わせて構成することができ，継手にはプレカットなどの汎用的な接合方法でコストを抑えたうえで，大スパンを構成することができる．合板の留め付けには，くぎやビスが用いられる．

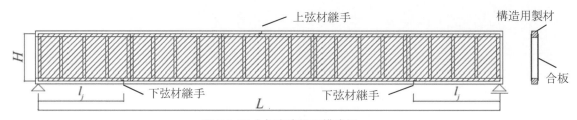

図 5.3-13 合板充腹梁の構成例

どこで壊れるか，どこから壊すのかを予測するにあたっては，個々の要素がどのレベルで並列バネとして機能しているのかの整理が必要であり，合板充腹梁のように接合要素が多ければ多いほど，モデル化には注意が必要である．表 5.3-1 に合板充腹梁の設計で応力検定を行う際に項目となる破壊のクライテリアを示す．強度試験では図 5.3-14 から図 5.3-21 に示すように様々な破壊性状が段階的に生じることが確認されている．例えば，図 5.3-16 は，終局的には「継手でせん断破壊した」ものであるが，力の流れとしては，梁に作用する「曲げ」により，「下弦材継手に引張」がかかり，継手金物(プレート)の「接合ビスのせん断」によって破壊したという階層的な理解に基づいた整理が必要である．また，全体剛性に関しては，それぞれの荷重レベルで，合板の変形挙動がどういう状態にあるのか，留めつけたくぎやビスがどのようにせん断変形しているかといった理解が必須である．なお，「接合ビスのせん断」についても，4.3 の曲げ降伏型接合具の節で示した通り，種々の降伏や破壊の形式があることにも注意が必要である．

表 5.3-1 合板充腹梁の応力検定で項目となる破壊のクライテリア

分類のレベル				参照図
梁に作用する断面力	部材・接合部への力		応力／接合具への力／(破壊力学的な)破壊形式など	-
梁の変形・破壊	軸力	弦材の圧縮，引張		-
	曲げ	弦材の軸力＋曲げ	弦材の曲げ圧縮(繊維の局部座屈)	図 5.3-14
			弦材の曲げ引張	図 5.3-15
		弦材継手の引張	継手金物(プレート)の引張降伏・破断	-
			接合ビスの 1 面せん断降伏・破断	図 5.3-16
			接合ビスによる母材のブロックせん断	図 5.3-17
		面材の面内曲げ	面材の曲げ圧縮(局部座屈)	図 5.3-18
			面材の曲げ引張	図 5.3-19
	せん断	面材のせん断	面材接合部(くぎ，ビス)のせん断 パンチングアウト	図 5.3-20
			合板の端抜け	-
			接合具の引き抜け	-
			接合具の折損	-
			面材のせん断	-
		弦材継手のせん断		図 5.3-21
		端部接合部のせん断	直交部材のめり込み	-

図 5.3-14 弦材の曲げ圧縮(繊維の局部座屈)

図 5.3-15 弦材の曲げ引張

図 5.3-16 接合ビスの1面せん断降伏・破断

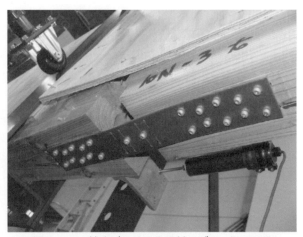
図 5.3-17 接合ビスによる母材のブロックせん断

図 5.3-18 面材の曲げ圧縮（局部座屈）

図 5.3-19 面材の曲げ引張

図 5.3-20 合板におけるビスのパンチングアウト

図 5.3-21 弦材継手のせん断

　ここで，脆性的に破壊する要素の破壊が先行しないように設計した場合には，塑性後の変形の大部分は次の3要素が占めることになる．
　　① 充腹面材のせん断（面材のせん断と面材接合具のせん断）
　　② 弦材の軸力によるひずみ
　　③ 弦材継手の引張

　図 5.3-22 に荷重変形曲線の例を予測曲線とともに示す．試験体は，120×120mm のスギ構造用製材の弦材等に 12mm のカラマツ構造用合板（455×1820mm）をビスで留めつけたもので，梁せい 575mm，スパン 7,280mm である．試験は 4 点曲げによる加力で，スパンに対する中央たわみ量を部材変形角とした 1/600，1/450，1/300，1/200，1/150，1/100，1/75，1/50rad の目標変形角に対して各 3 回の繰り返しによって実施している．降伏は，充腹面材のビスのせん断降伏（ウェブ降伏）によって生じるが，脆性的な破壊をせずに荷重の上

昇が続く．この間，弦材自体の軸力による変形と下弦材の継手の降伏を伴った引張変形が進行し，継手の引張破壊で終局を迎える．

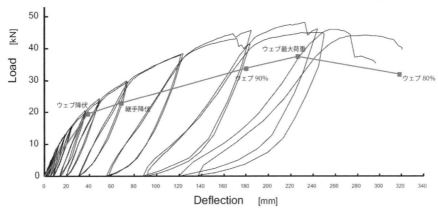

図 5.3-22 合板充腹梁の曲げ試験における荷重変形曲線と予測曲線の比較 [2]

5.3.3 集成材梁とRC床版の合成梁

　他材料との複合を組立部材の一種としてここで例示する．図 5.3-23 は RC 床版と集成材を複合した T 形断面の合成梁の曲げ試験の例 [3, 4]である．この合成梁の力学特性は，RC 床版と集成材の境界面におけるせん断伝達要素（シアキー）の力学特性に大きく依存する．ここでは，集成材側に φ75 深さ 50mm の座彫りをした中央に M20 ラグスクリューを配置し，コンクリートを充填することでせん断伝達要素として一体化を図ったものである．ラグスクリューの配置間隔は 250mm ピッチとしており，シアキーの仕様は検討がおこなわれた 6 種類の中から選定して採用している．

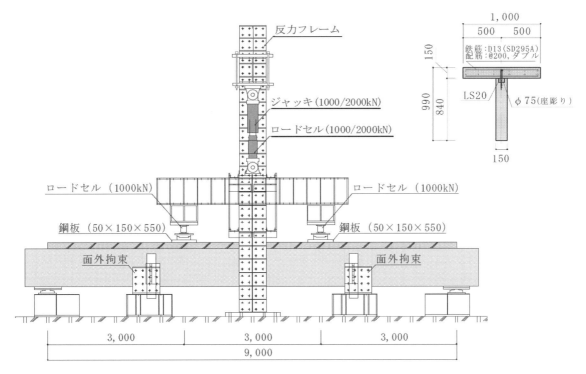

図 5.3-23 鉄筋コンクリートスラブと集成材梁による T 型合成梁の曲げ試験 [3]

　曲げ試験の破壊性状を図 5.3-24，図 5.3-25 に示す．最終的な破壊は，集成材の引張側最外縁におけるフィンガージョイントを起点とした曲げ引張破壊である．この合成梁の設計では，集成材の曲げと引張の複合応力による破壊のほかに，集成材梁と RC スラブ界面におけるシアキーのせん断破壊が応力検定項目となる．図 5.3-26 に荷重変位関係と設計式推定値の比較を示す．一般的に機械的接合を用いた合成梁では，2部材を

完全に一体化した完全合成梁とみなすことは困難であり，界面にすべりを伴う不完全合成梁として解析する必要がある．不完全合成梁の解法の詳細は，引用文献 [5,6] を参照いただきたいが，この合成梁の曲げ性能を，コンクリートスラブと集成材の曲げ剛性およびシアキーのせん断剛性と配置間隔から算定した結果，シアキーの降伏が集成材の破壊に先立って生じることを予測しており，その降伏耐力は実験で得られた荷重変形曲線の比例限界付近に現れていることからも，重ね梁としての曲げ性能を最大限に発揮するためには，シアキーのせん断耐力を十分に確保することが合成梁の強度的合理性を得る上で重要であることが読み取れる．

図 5.3-24 集成材の破壊状況

図 5.3-25 集成材の破壊起点

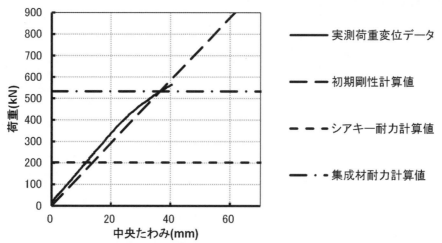

図 5.3-26 荷重変位関係と設計式推定値の比較 [4]

【参考・引用】
1) 福山弘, 北村治男, 原田浩司, 鈴木圭, 後藤隆洋, 清水庸介, 村上素子：木造軸組工法によるフランジ継手のある合板充腹梁その1試験計画および設計式　日本建築学会大会学術講演梗概集（東海）pp.633-634, 2012
2) 村上素子, 原田浩司, 鈴木圭, 後藤隆洋, 清水庸介, 福山弘, 北村治男：木造軸組工法によるフランジ継手のある合板充腹梁その3実大充腹梁曲げ試験　日本建築学会大会学術講演梗概集（東海）pp.637-638, 2012
3) 畔柳歩, 楠寿博, 稲山正弘, 五十田博, 蒲池健, 北村敏夫, 鈴木創太：鉛直荷重を受ける集成材梁-RC床版合成梁に関する実験的研究　集成材梁とRC床版の一体効果を考慮した合理的部材設計手法の構築　その1　日本建築学会構造系論文集 pp.393-400, 2014
4) 蒲池健, 稲山正弘, 畔柳歩, 楠寿博, 北村敏夫, 鈴木創太, 五十田博：集成材梁-RC床版合成梁設計法の提案と実験による検証　集成材梁とRC床版の一体効果を考慮した合理的部材設計手法の構築　その2　日本建築学会構造系論文集 pp.1147-1156, 2014
5) 日本建築学会編：木質構造接合部設計マニュアル, 丸善, pp179-195, 2009
6) 蒲池健, 稲山正弘, 井上雅文：木造組み立て梁設計法-多層複合梁の梁トラスモデルによる解法その1, 日本建築学会構造系論文集, vol.74, No.638, pp.691-700, 2009

6 建物で起きる障害・破壊の実例

6.1 経年による変形・破壊

　小規模な木造建築では問題となることは少ないが，梁間の大きい大型の木造建築では，外観，機能性および力学的な安全性の面から梁の曲げクリープ変形のチェックが必要不可欠となる．また，社寺等の伝統木造建築では改修工事の際に予め劣化状況等の調査が行われるが，部材のクリープ変形は注意しなければならない調査項目の一つである．例えば垂木等の曲げクリープによる軒先の垂下や鴨居のたわみ，土台の圧縮クリープによる柱脚のめり込みなどが挙げられるが，変形が進んで破壊（クリープ破壊）が生じている場合もある．これらの変形は，いずれも竣工後すぐに顕在化せず，長い時間が経過しないと認識されないため悩ましい現象である．ここでは実際に建物に生じたクリープ変形またはクリープ破壊の事例と，クリープ以外の要因で変形を生じた例を紹介する．

6.1.1 軒先の乱れ，垂下

　図 6.1-1 から図 6.1-3 に軒先に乱れや垂下を生じた場合の事例を示す．軒先の乱れは特に古い社寺建築や住宅にみられる現象であり，軒先を支える曲げ部材（垂木（たるき）や桔木（はねぎ）等）のクリープ変形に起因する場合が多い．この他，漏水等による腐朽や虫害による劣化・断面欠損が要因になっている場合，あるいは両者が同時に生じている場合もある．また，乾燥が不十分な木材を用いた場合には，上記変形に加えてメカノソープティブ変形（3.4.2 項）も生じている可能性がある．

図 6.1-1　軒先の乱れ（事例 1）

図 6.1-2　軒先の垂下

図 6.1-3　軒先の乱れ（事例 2）

6.1.2 横架材のたわみ

　図 6.1-4 は，古い木造住宅の門長屋にみられる人見梁のたわみの事例である．梁のたわみが進むと図のように小壁に割れが発生し，ここで初めて梁の変形に気付くことも多い．

　図 6.1-5 は，旧家の小屋組の大梁を支持する受梁に生じた曲げによるひび割れであり，クリープ破壊の例である．この受梁は大梁近傍を 2 本の柱で支持されているが，柱の脚部に腐朽が生じており，有効に受梁を支持していないことがクリープ破壊の原因と考えられる．

　図 6.1-6 は，寺院本堂の解体修理の際に撮影された写真である．向拝肘木が露わになっているが，柱より右側のもち出し部分に屋根の荷重に起因するクリープ変形が生じており，直下の斗組もその影響により変形している．奥に見える地垂木の並びにも垂下が認められる．図 6.1-7 は，別の寺院で見られた向拝屋根の垂下で，図 6.1-6 と同様に向拝肘木の曲げクリープに起因する変形である．

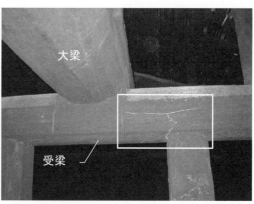

図 6.1-4　門長屋人見梁のたわみと小壁の割れ　　　図 6.1-5　小屋裏受梁の割れ

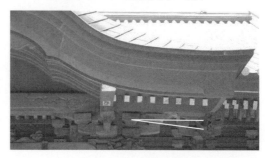

図 6.1-6　向拝肘木の曲げ変形と地垂木の垂下　　　図 6.1-7　向拝屋根の垂下
　　　　　　（屋根解体時）

6.1.3　柱によるめり込み

　軸組架構では柱の上または下に横架材がくる場合，横架材に柱がめり込む現象が発生する場合がある．このめり込みにおけるクリープ変形は，一度発生するとクリープ回復（クリープ変形が元に戻る現象）しない場合があるなど，曲げクリープとは異なるクリープ特性を示すことが実験により確認されている[1),2)]．
　図 6.1-8 は，土台（スギ）に柱（スギ）が 15mm 程度めり込んでいる状況である．ここまでめり込みが進むと土台は交換が必要である．なお，柱直下の土台の下部は礎石の形に合わせる光り付けにより削られている．
　図 6.1-9 は，三重塔の解体時に確認された側柱（ヒノキ）の柱盤（ツガ）へのめり込みによる圧痕である．

図 6.1-8　土台への柱のめり込み　　　　図 6.1-9　三重塔柱盤のめり込み（解体時）

6.1.4 狂いに起因する変形

　木材の収縮異方性や内部応力のばらつき，あるいは木理（樹幹軸方向に対する細胞の配向性）による収縮差等の理由により，「狂い」と呼ばれる変形が生じる場合がある．建て込み後に材の乾燥に伴って徐々に変形が進行する狂いの場合は，クリープ変形と見誤りやすい．ここでは竣工後に生じた狂いの事例を紹介する．

　図6.1-10は寺院本堂の軒先の垂木でねじれが生じた事例である．ねじれは木理が不整な材などで生じるが，見え掛りの部材では外観を著しく損ねる場合があるので注意が必要である．図6.1-11，図6.1-12はいずれもケヤキの柱に顕著なわん曲が生じた場合である．これらは鉛直荷重による曲げクリープ変形ではなく，狂いによる変形である．ケヤキは乾燥の過程で反り返るように変形する場合があり，大工泣かせの材と言われる．

図 6.1-10　垂木のねじれ

図 6.1-11　薬医門控え柱のわん曲

図 6.1-12　寺院本堂の柱のわん曲

【参考・引用】
1)　杉山英男：部分的横圧縮を受ける木材のクリープに関する実験的研究（荷重面柾目の場合），日本建築学会論文報告集，第63号，pp.481-484, 1959.10
2)　杉山英男：部分的横圧縮を受ける木材のクリープに関する実験的研究（荷重面板目の場合），日本建築学会関東支部第27回研究発表会，pp.1-4, 1960.1

6.2 大規模木質構造の接合部

広い空間が要求される木造建築物では，図 6.2-1 のような金物を使った接合方法が選択されることが多い．力の伝達メカニズムが明快なこと，断面の欠損が少ないことや，機械加工技術の進歩により加工が容易になったなどが理由としてあげられる．

本項ではこのような金物を使った接合方法を採用するにあたり，注意しなければいけない事項を取り上げる．

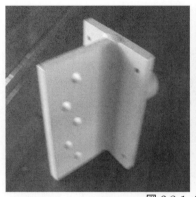
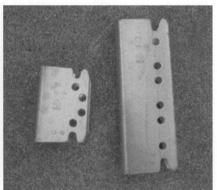

図 6.2-1 接合金物の例

6.2.1 含水率への配慮

木材は繊維飽和点（含水率約25％から30％；樹種によって異なる）以下に含水率が減少すると，収縮しはじめ，収縮率の異方性によって割れや反りなどの外形形状に変化が発生する（図 6.2-3 から図 6.2-6 参照）．この変形は，接合部で部材間の力の伝達機能に支障を生じるため，使用環境に適した含水率を目安に，適切に含水率管理して生産された材料を選択することが求められる．

嵌合接合，あるいはボルト，ドリフトピン，ラグスクリューやくぎ等の接合具を使用した曲げ降伏型の接合型式では，木材の割れは接合部の強度性能を大きく低下させる．また乾燥による収縮の過程で設計時に想定していなかった予期せぬ応力が発生すると，割れを引き起こす可能性もあり，周辺の湿度変化や雨掛かりによる膨潤・収縮が予想される場合は，図 6.2-2 のように収縮を考慮した納まりを採用することが望まれる．構造用製材については表面の含水率に対し，内部の含水率が高いことが多く，部材断面が大きいものについては特に含水率の管理に注意が必要である．

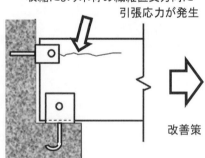
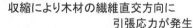
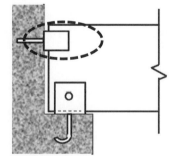
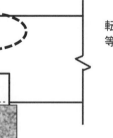
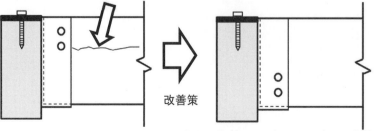

図 6.2-2 木質部材の収縮による割れの懸念と改善策

図 6.2-3 乾燥収縮による割れの例

図 6.2-4 不十分な乾燥のために割れた構造用製材の例

図 6.2-5 適切に乾燥された構造用製材の例

図 6.2-6 乾燥により部材がねじれ，接合部が外れかかっている事例

6.2.2 モデル化の整合性

　設計時に接合部をどのようにモデル化するかについては構造解析上の大きなポイントとなる．例えば有限要素法を基盤とする構造解析ソフトを使用する場合，多数本配列の接合部のパネルゾーンをどのような節点モデルに置き換えるかによって，部材および接合部に生じる応力や構造体の変形の計算結果は大きく変わることになる．

　木質構造では鉄骨造と比較すると接合具1本あたりの耐力は高くなく，接合部が負担する応力が大きいと接合具を多数配置して対応するケースがある．このため，接合具と材端や材縁との距離が短くなる場合や接合具の間隔が十分に確保できない場合には集合型のせん断破壊や割裂破壊を起こしやすくなることから，それを避けるために接合部のパネルゾーンが大きくなることも少なくない．また，複数の部材が集合すると納まりが複雑になり，施工も考慮して接合具の配置計画を立てる必要も生じるため，接合部のモデル化には実状に応じた様々な配慮が必要になる．

　断面サイズが小さい部材で構成されるトラス構造は木質構造でも採用される機会が多いが，接合部の適切なモデル化が重要となる構造形式の一つである．格点をピン節点とする解析モデルが一般的であるが，図 6.2-7 および図 6.2-8 のように実際には以外の箇所で継手を設ける，あるいは解析モデルの節点に複数のピン接合や半剛接合が存在している事例も少なくなく，このようなケースでは不静定構造にならない配慮が求められる．また，図 6.2-9 のように接合部のモデル化が不適切であると計算では想定していない二次応力が部材に生じ，特にせん断力や木材の繊維直交方向に引張力が発生すると脆性的に破壊することがあるため注意が必要である．

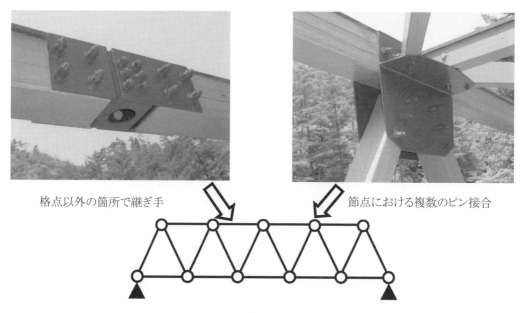

図 6.2-7 トラスのモデル化事例と実状の比較

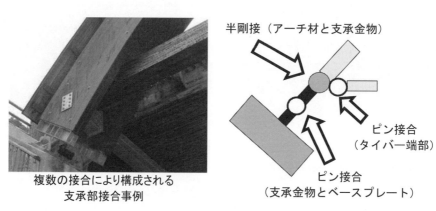

図 6.2-8 支承部の事例とモデル化

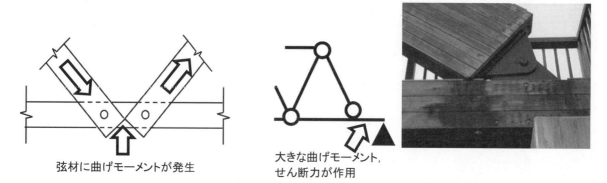

図 6.2-9 二次応力の発生事例

6.2.3 接合部の変形性能

木質構造の接合部に荷重が負荷されると木材や接合部の変形により「すべり」を生ずる．また接合具にボルトやドリフトピンを使用した場合には，接合具と木材，あるいは接合具と鋼材間に隙間が存在するため「あそび」が生じる．このような接合部の変形性能を無視すると，複数の接合で構成されるトラス構造等では変形量を過小評価することになる．例えば，仮想仕事法等でトラスの変形量を推定する場合には，式 6.2-1 のように接合部の変形性能も考慮することが求められる[1]．また，地震時に生じる層間変形角の推定も同様に接合部の変形性能を適切に考慮することが望まれる．

$$\delta = \sum \frac{N_i \cdot \overline{N}_i \cdot A_i}{E_i \cdot A_i} + \sum \frac{N_j \cdot \overline{N}_j}{n_j \cdot \overline{n}_s \cdot K_s} \qquad \text{式 6.2-1}$$

ここで，N_i ：外力によって部材に発生する軸力で，完全ピントラスとして求める．

$\overline{N}_i$ ：変位を知りたい点に変形の方向に1の力を加えた時の部材軸力

N_j ：接合部に生じている軸力

$\overline{N}_j$ ：変位を知りたい点に変形方向に1の力を加えた時の接合部軸力

EA ：部材の軸方向剛性

n_j ：接合具本数

n_s ：せん断面数

K_s ：接合具一本の1せん断面あたりのすべり係数

また，接合金物に使われる鋼材のヤング係数は構造用製材や構造用集成材と比較すると極めて高い．例えば，図 6.2-10 に示すように，集成材等の継手に鉄筋を挿入接着したものが曲げ応力を負担する時，木材の変形に鋼材の変形が追随せず，二次応力により木材が設計値より低い力で破壊することがある．また，図 6.2-11 のように鋼板添え板接合においても，曲げ変形において，圧縮側で鋼板が木材にめり込むことも，変形や破壊の要因に繋がるおそれがある．これらについては，鋼材の熱膨張率や経年変化も含め，適正な配慮が必要である．

図 6.2-10 鉄筋挿入形式の破壊事例[2]
（鋼棒が木材の変形に追随しないことによる破壊）

図 6.2-11 一面せん断鋼板側材形式の破壊事例
（添え板の木材へのめり込み）

6.2.4 経年変化への配慮

経年による変形や破壊は，6.1 で示した伝統的な木造建築に限定した課題ではない．木質構造の接合方法は進化し，1990 年代以前にはあまり見られなかった半剛接合も実験等により変形性能や強度性能が確認され，一般的な工法として採用されるようになっており，梁－柱を半剛接合としたラーメン構法を採用した事例が増えている．しかし，柱と梁の断面のバランス等によっては，長期間，大きなモーメントが接合部に作用するようなプランも考えられ，継続する荷重に対する検証がなされていない接合方法を採用する場合には，長期の荷重負担を小さくするような配慮を構造計画時にしていくことが望まれる．

また近年，木造建築物の大型化に伴い，注文生産される木質部材と比較して流通コストが安い材料が利用可能なことや，材料の輸送距離を短縮できるという利点から，住宅に使用される規格品の構造用製材を組み合わせて構成する重ね梁や，フランジ材に構造用製材を，ウェブ材に構造用合板等の面材を採用した充腹梁等の研究・開発が多くみられるようになっている（図 6.2-12）．接合具には重ね梁ではドリフトピン等，充腹梁ではくぎやビスが接合具として採用されているが，このような組立部材に固定荷重や積載荷重等の長期荷重が負荷される場合には，必ずクリープに対する構造物全体の性状を把握しておく必要がある（図 6.2-13）．例えば，登り梁端部の接合部（図 6.2-14）やあらかじめたるみ（サグ）を設ける（図 6.2-15）などの繊維直交方向に分力が発生する収まりに対しては，経年変化によって変形が進行した場合に，繊維直交方向への分力が増大し，接合部に亀裂の発生につながるおそれがあるため，変形の増大を見込んだ十分な余力を設けておくことが有効である．

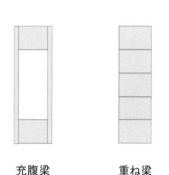

図 6.2-12 組立梁の構成例

図 6.2-13 充腹梁のクリープ試験

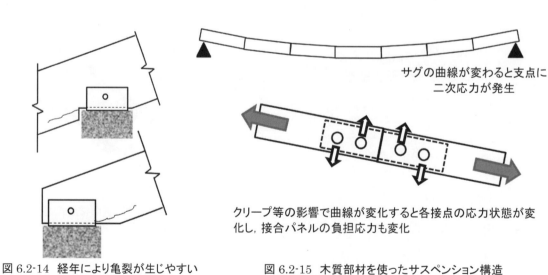

図 6.2-14 経年により亀裂が生じやすい接合部の例

図 6.2-15 木質部材を使ったサスペンション構造

また，組立部材を構成するにあたり，接着剤が利用される事例が多くみられるようになっている．しかし，接着剤は種類が多様[3]であり，表 6.2-1 に示すように各種様々な特徴を有しているため，利用にあたってはその特徴を把握し，適切な品質管理，製造管理がなされる必要がある．また，同系の接着剤でも製品番号が異なれ

ばその性状はかなり違ってくることも理解しておく必要がある．長期性能もそのひとつで，平 12 建告 1446 号に倣ってクリープや荷重継続に対する性能，事故的水掛かりに対する性能等を確認しておくことが望まれる．

表 6.2-1 木質建材に使用される接着剤

接着剤の種類	硬化形態と使用方法	用途
エポキシ樹脂	硬化剤の選択により硬化温度や特性の変化可能．2 液型（主剤＋硬化剤）	木材どうし，異種材料との接着に適する．
ウレタン樹脂	2 液型と 1 液型があり，1 液型は湿潤木材との接着に適する．	木材どうし，異種材料との接着にも適する．
酢酸ビニル樹脂	主剤のまま利用，ユリア樹脂を配合して耐熱性等を改善することもある．	非構造用．布，紙，石綿セメント板の接着，ボード類の接着．
フェノール樹脂	主剤に触媒，充填剤等を配合して熱圧する．常温硬化型もある．	構造用合板，屋外用．
レゾルシノール樹脂	主剤に充填剤，硬化剤を配合して常温硬化する．フェノール・レゾルシノール共縮合樹脂は常温または加熱により硬化．	構造用集成材に利用．
水性高分子－イソシアネート系樹脂	主剤と硬化剤とからなる 2 液型の接着剤．常温硬化する．	木材どうし，木材と金属との接着．中小断面の構造用集成材に利用．

6.2.5 耐久性に対する配慮

接合部では複数の部材が交差するため，雨掛かりの対策が不十分だと水が滞留しやすく（図 6.2-16），接合金物は結露の要因になることもある．

木材の含水率が上がると，腐朽菌やシロアリの被害を受ける可能性が高まり，鉄等を接合部に採用すると錆びの発生原因となるため，接合部の著しい耐力低下にも繋がる．木材は薬剤処理をし，金物は防錆処理をして耐久性を高めることもできるが，メンテナンスの困難さを踏まえると設計時に，水が侵入しにくい工夫や，水を滞留させないディテールを採用することが耐久性向上には極めて有効である．このような手法を取り入れた設計を構造的耐久設計と呼び，屋外に暴露される木製の構造物でその効果を見ることができる（図 6.2-17）．

図 6.2-16 柱脚部の事例
（埋め込み部内に雨水が侵入・滞留しやすい）

図 6.2-17 柱脚部の事例
（部材水除け小屋根・小庇の追加）

【参考・引用】
1) 日本木材学会：木質構造研究の現状と今後の課題 Part II, pp.104, 1994
2) 日本建築学会：木質構造接合部設計マニュアル, 2009
3) 社団法人 全国林業改良普及協会：林業技術ハンドブック

6.3 地震による破壊

地震力による木造建築物の破壊は，構造的に劣るものが構造的な弱点において生じるのが通常である．ここで，ひとことで木造建築物と言っても，様々な構工法があり，その構工法によって弱点が異なり，破壊形態が異なる．また，設計方針によっても破壊箇所や破壊形態が異なる．例えば，壁式構造では一般的に耐力壁が破壊し，接合部の先行破壊を避けるように設計することが通常であるが，耐力壁が塑性変形した後，設計において想定した以上の外力が入力されると，接合部の余力の大小によって破壊形態が異なる．接合部の余力，もしくは変形能力が無ければ耐力壁が塑性化したのち，比較的早期に接合部が破壊に至り，余力，変形能力が大きければ，耐力壁のせん断破壊が生じることになる．これに対して，軸組構法（伝統的構法を含む）については，耐震性に関する構造設計の考え方が導入される以前のものや，導入後も法規制の網から外れていた建築物においても，地震力による破壊挙動は類型化が可能である．

まず，木造軸組構法の地震被害について述べると，1階部分の耐力不足が原因と思われるが，層間変形の残留が大きいもの（図 6.3-1）が発生頻度の高い例としてあげられる．当然，この層間変形が，倒壊限界を超えると層崩壊（図 6.3-2）につながる．完全な層崩壊に到らなくても，部分的な層崩壊に至る（図 6.3-3）こともある．これに対して，2階部分の構造耐力が1階に比して極めて低いか，壁のせん断変形が生じる過程で，耐力要素の脱落が生じるなどして2階部分の層間変形の方が大きい例（図 6.3-4）が稀に生じることが確認されている．

また，層間変形が極めて大きい場合のうち，差し鴨居を有する構法については，差し鴨居と柱の仕口で柱の曲げ破壊（図 6.3-5）が，柱勝ちの足固めを有する構法については，柱と足固めの仕口で柱の曲げ破壊（図 6.3-6）が生じる場合がある．

図 6.3-1　1階部分の層間変形が大きい例
（2000年鳥取県西部地震）

図 6.3-2　1階部分が層崩壊した例
（2003年宮城県北部連続地震）

図 6.3-3　1階下屋が部分的に崩壊した例
（2004年新潟県中越地震）

図 6.3-4　2階部分の残留変形が大きい例
（2004年新潟県中越地震）

図 6.3-5　1階の柱が差し鴨居の箇所で折損した例
（2003年宮城県北部連続地震）

図 6.3-6　足固めとの仕口で折損した柱
（2011年東北太平洋沖地震）

さらに，耐力壁のせん断変形が大きくなる過程において生じる筋かいの座屈（図 6.3-7）や面材の座屈（図 6.3-8）がある．厚さ 45 mm までの筋かいは，通常その細長比から長柱に相当し，座屈は比較的早期に生じるが破断に至らない．しかし，仕上げ材や併用された構造用面材が座屈拘束に寄与し，端部の境界条件を自由端としたときの挙動と差異を与える．つまり，筋かいが壁体内に施工されている場合は座屈が生じると同時に破断に至る．

図 6.3-7　座屈破壊した筋かい
（2007年新潟県中越沖地震）

図 6.3-8　座屈した面材
（2007年新潟県中越沖地震）

以上のほか，土台が基礎に緊結されていない場合には，土台の水平移動（図 6.3-9）が，脚部がほぞ差しのみで土台に接合されている場合には，柱の引き抜け（図 6.3-10）などが発生する．前者はおそらく，アンカーボルトが適切に設置又は配置されていないこと，後者は柱脚接合部の耐力が不足していることが被害原因として考えられる．これらは，材料・部材の割裂やせん断破壊，若しくは接合具の変形や脱落が発生していないため，接合部の破壊形態としては分類することが適切かどうかは不明であるが，建物の倒壊に直結する可能性がある破壊形態である．

また，地震被害を受けた木質構造においては，仕上材の破壊も生じる場合が多い．木質構造躯体が破壊しているかどうかついては不明であることから，木質構造接合部・部材の破壊の一例として位置づけることが適切かどうかは不明であるが，例えば，内装塗り壁の亀裂（図 6.3-11）や外壁モルタルの脱落（図 6.3-12）などがあげられる．木質構造躯体のせん断変形能力に内外装材が追随できないために生じていると考えられる．

さらに，耐震基準の変遷や住宅生産者や施主の耐震意識などに由来するが，築年数の古いものは比較的

耐震性が低い．加えて，防水技術や防腐防蟻対策技術も日々進歩を続けているが，比較的古い仕様の木造建築物は防水・防腐防蟻対策が不十分なものもあり，そのような木造建築物は漏水が多かったり，生物劣化が激しかったりする場合がある．よって，大きな地震被害を受けた木造建築物の被害の主因が耐震要素の不足であるか，生物劣化であるか不明な場合が多い．しかし，通常の住宅であれば震害を受ける可能性が極めて低い小屋組のみが崩壊した例（図6.3-13）が確認されている．住宅が層崩壊をしても図6.3-2のように小屋組は原形をとどめる場合が多いのに対し，当該住宅の内部開口の垂れ壁部分（図 6.3-14）はイエシロアリの食害を受けており，1, 2階の耐力壁等の残留変形は特に認められなかったため，当該住宅の震害の主因は蟻害であると結論づけられる．

図 6.3-9 大きく水平移動した土台
（2000年鳥取県西部地震）

図 6.3-10 土台から引き抜けた柱
（2011年東北地方太平洋沖地震）

図 6.3-11 漆喰塗り土壁の亀裂
（2007年新潟県中越沖地震）

図 6.3-12 剥落した外壁ラスモルタル
（2011年東北地方太平洋沖地震）

図 6.3-13 小屋組のみが崩壊した木造住宅
（2004年福岡県西方沖地震）

図 6.3-14 図6.3-13の住宅の内部垂れ壁の蟻害
（2004年福岡県西方沖地震）

6.4 津波による破壊

海底を震源とする大規模地震発生時等には，沿岸部を津波が襲う場合がある．日本でも過去に幾度もの被害が発生しているが，その主なものとしては，1960年5月のチリ地震（遠隔地津波，岩手県沿岸ほか），1983年5月の日本海中部地震（秋田県沿岸），1993年7月の北海道南西沖地震（奥尻島ほか），2011年3月の東北地方太平洋沖地震（東日本大震災，岩手県・宮城県の太平洋沿岸ほか）などが挙げられよう．

津波被害の大きな特徴は，沿岸部等の到達範囲に限って甚大な被害が生じることである．津波が到達するか否かで被害の有無が分かれ，到達襲来する際の波の速度や高さ，浸水する深さ，周辺の建物や地形による海嘯の流入流出経路となるか否か，漂流物の衝突があるか否か，可燃物や火災漂流物の到達などによって被害の内容が変化する．この被害の極端を挙げれば，津波襲来により建物本体・基礎を含めた存在の痕跡が，根こそぎ流失してしまうことである．

地震は，全ての建造物に対してほぼ一様の地動加速度を与え，これが建物の自重や積載荷重等に応じた水平力等に変換入力される．そのため，重い建物には高い強度が必要となる．一方，津波では風圧力と同様に，外形や大きさによって入力の大きさが変化する．発生頻度の低い事象に対して，任意の外力に抵抗できる安全性を確保するとすれば，過大な要求性能を計上することにもなり，庶民の負担に堪えられるものではなくなってしまう．また中途半端な要求性能水準の設定では，目的とした被害の軽減度は到達し得るハザードレベルの議論と共にあやふやになってしまう．庶民，あるいは大多数の人命保存・安全確保の観点では，ハードウェア対策の議論を進める一方で，歴史的に津波被害を経験した土地では「大地震の後には津波がくる」「すぐに内陸の高台に逃げる」という，ソフトウェア対策を確実に進める不断の努力が肝要である．

以降では，2011年3月の東北地方太平洋沖地震（東日本大震災）での木造建築物被害の一例を紹介する．

6.4.1 小規模木造建築の被害

図 6.4-1 は，宮城県石巻市門脇町・南浜町付近の様子である．南側の石巻湾から襲来した津波は，沿岸海底や河床に加え，河口西側にあった大きな RC 造建物（旧石巻市立病院）等，地表面上の建造物の影響を受けて乱流となり，強い流れとなって建物等が根こそぎ流された場所と，剛強な建物の背後で流れが相殺・緩和されたたためか，水没深が深くとも，ほぼ無傷の外観のまま孤立して残された建物が点在していた．木造住宅などの小規模建築物では，建物全体の重量も軽く，構造も簡素なものが多いためか，市街地での津波流入流出経路周辺をはじめとして，水没深が深く，かつ押し波・引き波の流速が高まる位置で，土台だけを残し（図 6.4-2），あるいはコンクリート基礎ごと根こそぎ流失・流亡した建物が多く見られた．また，漂流物の衝突等によって，局部的に壊された建物（図 6.4-3）もあった．流路を僅かに外れると建物自体の破損被害は大きく減少するが，浸水による汚損や漂着物の残留は深刻な被害として特筆される（図 6.4-4）．

図 6.4-1 孤立点在する住宅と漂流・転倒した住宅等
（宮城県石巻市門脇町・南浜町付近，南南東方向を撮影，中央奥の建物が石巻市立病院）

図 6.4-2 土台と床を残して流失した木造住宅
（宮城県石巻市湊町付近，
厚物合板や接合金物等が土台に残された）

図 6.4-3 漂流物が衝突したと思われる木造住宅
（宮城県石巻市南浜町付近，
衝突によって南西隅の柱が失われた）

図 6.4-4 流失木造住宅の土台と漂着漂流物等
（宮城県石巻市湊町付近，一見すると健全に見える住宅もあった）

図 6.4-5 は，宮城県石巻市中瀬の旧石巻ハリストス正教会教会堂である．津波の襲来により周辺の建物は流失してしまったものが多かったが，奇跡的にほぼ外形を留めた形で残った．南北に延びる旧北上川の中州に位置していた建物には，川の流れに沿って繰り返し津波が襲来したようである．外部から確認できる主な被害としては，南側正面入り口の庇の流失と柱傾斜，北面壁中央窓両側柱の折損などが挙げられるが，屋内外の漂流物が衝突痕と共に内部に残されており，修復するためには全解体が必要と推察された．

図 6.4-5 旧石巻ハリストス正教会教会堂
（宮城県石巻市中瀬，写真左から，建物全体外観，南側正面入口，北側壁面）

6.4.2 大断面集成材構造

　大断面集成材構造の津波被害は，構造設計がされていることもあって，小規模建築物のような建物全体が流失するような被害は見つけられなかった．これは，低層鉄骨造と同様に柱間が大きい建物であることから，津波到来によって壁が抜け，水平外力が軽減されたことがその一因として挙げられよう．また，建物内部に残された漂流物が少ないことから，壁が抜けた後には，漂流物の衝突や，ダムのような堰き止めの可能性が少なく，大きな波力に繋がらなかったことが推察される．一方，構造体の各部では，面外方向からの漂流物衝突による部材端部の割れや建物全体のゆがみ等が発生していたが，致命的な破壊がごく一部に止まるものもあり，修復して継続使用したものもあった．

　図 6.4-6 は，鋼棒挿入接着接合による木質ラーメン構造でつくられた，石巻湾沿岸の製材工場の建屋である．南側壁面がないこの工場では，北側壁面が外側に向けて押し曲げられ，一部の柱の下部が破断・流失した．東西に延びた平面のおよそ中央で，工場内に固定された機械の隙間となるこの部分を，建物南側屋外に積み上げられていた丸太や製材が，北側へと通過して行ったようである．同じ建物の西側では，漂流した製材品が積み上がり，壁中間部の繋ぎ梁が流失し，接合部を構成していた異形鉄筋が露出していた．

図 6.4-6　南側が大きく開口した工場の北側壁柱下部の破壊状況と西側壁中間部繋ぎ梁の流失
（宮城県石巻市潮見町，左から工場外側へ孕みだした北側壁面とその柱破断状況，
流失した同工場西側壁中間部繋ぎ梁の接合部）

　図 6.4-7 から図 6.4-10 は，同じく鋼棒挿入接着接合による木質ラーメン構造でつくられた倉庫兼工場で，東側に開放した出入口を設け，南北方向に長い平面を持っていた．鉄筋コンクリート造基礎の立ち上がりを大きくしていたこの建物は，木造柱脚部分で内側に押し曲げられ（図 6.4-8），木材繊維方向に挿入した異形鉄筋に沿って割裂し，分断していた（図 6.4-9，図 6.4-10）．

図 6.4-7　工場建屋の外観
（宮城県石巻市潮見町，北西方向を撮影）

図 6.4-8　工場建屋（図 6.4-7）の内部
（南側壁柱脚部が内側に押し曲げられている）

図 6.4-9　工場建屋(図 6.4-7)の南側壁柱脚部　　　　図 6.4-10　柱脚部分(図 6.4-9)のコンクリート基礎

　図 6.4-11 から図 6.4-14 は，南北方向がわん曲集成材を使った 3 ヒンジラーメン構造，東西方向が集成材ブレース構造でつくられた，石巻湾沿岸の事務所建築である．南側の海岸に面した道路を越えて進入してきた津波により，集成材ブレース斜材は破壊され，流失した．その構面を構成する水平材は，ボルトと接合金物でわん曲集成材の外壁側に取り付けられており，津波が流入する南側では水平材を曲げ破壊させ，流出する北側ではわん曲集成材を割り裂いた．建物はわずかな傾きが残っていたが自立していた．

図 6.4-11　事務所南面東西方向の構面
下部斜材ブレースが流失し，
水平材が北側に曲げられている
(宮城県石巻市潮見町，北西方向を撮影)

図 6.4-12　事務所北側わん曲集成材脚部
下部ブレース斜材と水平材が流失すると共に，
わん曲集成材外側が割り裂かれた
(宮城県石巻市潮見町，北東方向を撮影)

図 6.4-13 事務所北側外壁跡
わん曲集成材と並んで構面を形成していた
通直材は，柱脚金物内で破断していた
（宮城県石巻市潮見町，北東方向を撮影）

図 6.4-14 事務所南側集成材柱脚部
柱脚金物ボルト孔から木材繊維に沿った
割れ裂き亀裂が伸びていた
（宮城県石巻市潮見町，南東方向を撮影）

　図 6.4-15 から図 6.4-17 は，旧石巻市北上総合支所庁舎で，沿岸道路を挟んで太平洋岸追波湾に面して建っていた．海側の建物東側は，鉄筋コンクリート造柱に通直な大断面集成材梁を載せた複合構造であるが，南東方向より襲来した津波により大破した．鉄筋コンクリート造の柱梁壁面は，構面外方向に転倒させられ，屋根桁の集成材は落下あるいは流失していた（図 6.4-16）．建物西側は大断面集成材を使った K 型ブレース構造の執務空間だったが，すべての外壁が流失したものの，構造体はほぼ完全な形で残された．沿岸堤防を越流した津波により，庁舎敷地入口付近は大きく洗堀されていた（図 6.4-17）．

図 6.4-15　石巻市北上総合支所庁舎
手前の沿岸道路海側の堤防を越えた津波により建物は大破した
（宮城県石巻市北上町十三浜月浜，北西方向を撮影）

―162―　木質構造部材・接合部の変形と破壊

図 6.4-16　庁舎内吹き抜け部分
2階上部の通直集成材大梁が垂下っていた
（石巻市北上総合支所庁舎，西方向を撮影）

図 6.4-17　庁舎西側集成材構造部分
全ての壁が抜けて室内什器等が流出していた
（石巻市北上総合支所庁舎，北方向を撮影）

　図 6.4-18 から図 6.4-23 は，宮城県本吉郡南三陸町歌津町の旧歌津町公民館及び図書館である．大断面通直集成材と金物を組み合わせた木質ラーメン構造は，南側に大きな開口を持つ 2 階建であった．主要な構造体はおよそ原形のまま残ったが，付随する在来軸組構法による構造・造作部分は流失していた．南側の港との間には市街地があるが，北西側の背後は高台へ続く斜面となっていた．南から建物内に突入した水流は，地形により滞留しつつ深い水没深となり，激しい水圧水流によって屋根と 2 階天井は失われ（図 6.4-19），2 階床面も階下から突き上げる形で大破していた（図 6.4-20）．I 型ジョイストを使った床根太の両端部は梁受け金物で固定されていたが，上方への突き上げによって大きく破壊していた（図 6.4-22，図 6.4-23）．

図 6.4-18　歌津町公民館全景
津波は右手から左手奥へ襲来した
（宮城県本吉郡南三陸町歌津町，北方向を撮影）

図 6.4-19　建物南側の集会室とその上部
南側壁面の全てと 2 階上部の屋根が流失した
（歌津町公民館，西方向を撮影）

図 6.4-20　階下から見た 2 階床組
天井は流失し，床根太は折れていた
（歌津町公民館，1 階建物内部を撮影）

図 6.4-21　2 階床面の様子
津波に突き上げられて破壊していた
（歌津町公民館，2 階建物内部を撮影）

図 6.4-22 1階南側集会室内部
内部の造作は大きく壊された
（歌津町公民館，南西方向を撮影）

図 6.4-23 1階南側集会室内部
主要な構造体に目立つ損傷は見られなかった
（歌津町公民館，北西方向を撮影）

【参考・引用】
1) 山下文男：津波てんでんこ―近代日本の津波史，新日本出版社，2008.1
2) 吉村昭：三陸海岸大津波，文芸春秋，2004.3
3) 軽部正彦ほか：平成 23 年(2011 年)東北地方太平洋沖地震木質構造合同被害調査団 調査報告，日本木材学会大会要旨集，2012.3

6.5 豪雪による破壊

2005年12月から2006年2月にかけて降り続いた平成18年豪雪では，数多くの建物が被害を受けた．同年1月に長野県北部飯水地方で全半壊した木造体育館2棟の概要を以下に紹介する[1]．

建物1は，1959年4月に建築された体育館(図6.5-1参照)で，木造平屋建て(アリーナ部分32.8×16.4m，536.6m^2)が2006年1月10日の未明に圧壊した．1978年4月に廃校になった後，民間団体が管理していた．夏季には屋内運動場として使用するが冬季は不使用で，必要に応じて雪下ろしを実施していた．被害を受けた時は，降雪が続いて雪下ろしが間に合わなかったとのことであった．切妻亜鉛鉄板瓦棒葺(5/10勾配)で，引張部材に鋼棒を併用したトラス構造であった．事故当時の積雪は直近観測点記録で282cm，平面中央のトラス下弦材の破壊をきっかけとして，内側に窪むように圧壊したと推定される．現在の設計用垂直積雪深としては，350cm以上400cm未満とされている区域に当たる．

図6.5-3と図6.5-5は圧壊して間もない積雪時の写真であるが，鉛直方向に落下した衝撃は凄まじく，内部の空気が四方に噴き出す形で平側壁や窓ガラスが平面外周外側に飛散していた．図6.5-2と図6.5-4は雪解け後に撮影した写真であるが，雪を載せた屋根の落下によって西側一部高床部分の床組みは突き抜けて落ち込み，アリーナ中央部の床束は落ちてきた屋根材を突き破っていた．平面中央の屋根トラスの只一つの構面の一部が屋根面を突き破っていたが，屋根葺材はほとんどが繋がったまま落下しており，まさに雪に押し潰されていた．

図6.5-1 建物1：1959年4月竣工，建築中の建物北西からの写真[2]

図6.5-2 建物1(2006年5月25日，建物南側から撮影)

図6.5-3 建物1(2006年3月15日，建物南西から撮影)

図 6.5-4 建物 1（2006 年 5 月 25 日撮影）

図 6.5-5 建物 1（2006 年 3 月 15 日撮影）

　建物 2 は，1978 年 11 月竣工の校舎（図 6.5-6）で，1981 年 9 月に二階を拡張，1995 年 4 月から休校となっていた．圧壊した体育館部分は木造平屋一部二階建て校舎（26.2×12.0m，延床面積 350m^2）の東側平屋部分床面積約 84m^2 に当たる．2006 年 1 月 29 日午前に損壊した（図 6.5-8）．屋根は鉄板瓦棒葺片流れの木造トラス構造で，図 6.5-9 に示すように前年積雪期 2005 年 2 月 6 日の雪下ろしの際に，屋根から張り出した雪庇が建物南側の堆雪との間に一度に落ちて，体育館南側の開口部に挟まれた柱が内側に折れていた．被害を受けた時は，通常であれば地域の住民が雪下ろしをして管理しているところだが，激しい降雪によって雪下ろしが間に合わず，既に損傷を受けていた柱の座屈が進んで屋根が落ちたと推定された．図 6.5-7 からも判るように周辺は国内有数の豪雪地であり，事故当時の積雪は直近観測点記録で 443cm であった（図 6.5-10）．なお敷地は，設計用垂直積雪深 350cm 以上 400cm 未満とされている区域に当たる．

図 6.5-6 建物 2：1978 年 11 月竣工の校舎[3]

図 6.5-7 建物 2
（2006 年 3 月 16 日，前面道路から撮影）

図 6.5-8 建物 2（2006 年 3 月 16 日撮影）

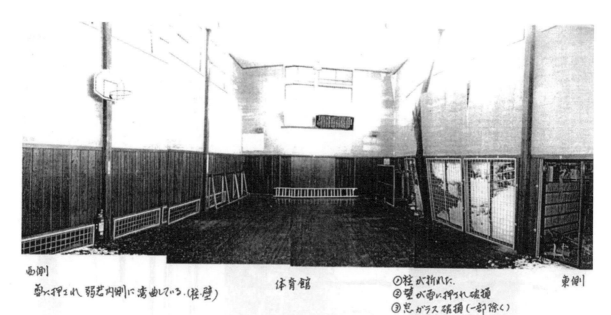

図 6.5-9 2005年2月7日，事故報告書[4]より抜粋

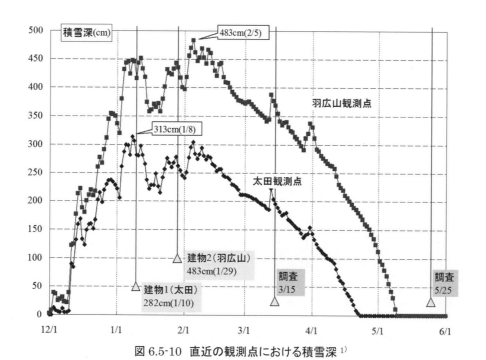

図 6.5-10 直近の観測点における積雪深[1]

【参考・引用】
1) 軽部正彦, 新藤健太：平成18年豪雪で圧壊した木造体育館の被害状況と構造概要, 日本木材学会, 第56回大会研究発表要旨集, I10-1015, p.49 2006.8
2) 太田学校：閉校記念誌, p.139, 1978.3
3) 岡山小学校：回顧と展望, p.3
4) 事故報告書, 2005.2

6.6 竜巻・突風による破壊

　竜巻と突風は,気象学的に異なるものの,木質構造の破壊において区別することは困難である.前者は大きな気圧の変化を伴い,線上に被害が分布するのに対し,後者は面的に被害が拡がる.さらに,竜巻は強い上昇気流も伴うものであるが,水平方向からの風圧力と,被害の違いを痕跡から区別するのは困難である.

　一般的な木質構造の被害の特徴として,部材が破壊する例は接合部が破壊する場合より希少であるが,これら風圧力による被害も同様に,構造体や部材の強度に対して,作用する応力が上回った箇所が破壊する.風圧力による水平力の分布は,洪水・津波の場合などとは逆で,上部ほど大きな分布となる.

　小屋組の部材間接合部に作用する外力がその接合耐力を上回った場合は,図 6.6-1 や図 6.6-2 のような破壊となる.厳密に言えば,図 6.6-1 は小屋組が一部を残して破壊しており,図 6.6-2 は母屋が残っている.前者は小屋組部材の接合部に作用する外力が最初にその接合耐力を上回り,後者は野地板と母屋間の接合部に作用する外力が最初にその接合耐力を上回ったと推測される.

図 6.6-1　小屋組の破壊

図 6.6-2　小屋組の破壊（野地板の飛散）

　次に風圧力による外力が上部構造の水平耐力を上回った場合は,図 6.6-3 や図 6.6-4 のような破壊となる.図 6.6-3 のように,建物全体が倒壊しているにもかかわらず,小屋組の損傷が少ない場合もあれば,図 6.6-4 のように風にさらわれて落下した時に破壊したのか,風圧による荷重が小屋組の構造耐力を上回ったのか,どの部材がどのように破壊したのか不明なほど,滅茶苦茶に破壊された場合もある.

図 6.6-3　上部構造の破壊

図 6.6-4　上部構造の破壊

　さらに,上部構造の水平耐力は不足しなかったが,上部構造と基礎あるいは土台と間の接合部のせん断耐力が不足した場合は,図 6.6-5 のように上部構造がその形状を保ったまま,水平移動する破壊形態となる.

図 6.6-5 上部構造の破壊

　そのほか，上部構造の水平耐力が不足，若しくは水平風圧力によって転倒した後に上部構造の部材が飛散する例もある．図 6.6-6 は枠組壁工法の破壊形態であるが，土台及び下枠はアンカーボルトで基礎と緊結していたために飛散せず，土台・下枠と床組の間の接合がくぎ打ちであったため，土台と下枠だけが飛散せずに残った例である．図 6.6-7 は軸組構法の破壊形態であるが，土台がやはりアンカーボルトで基礎と緊結していたために飛散しなかったものの，一部の部材が破壊している．さらに，床組の一部も飛散し，その際に根太が曲げ破壊している．また，図 6.6-8 のようにアンカーボルトの接合耐力が不足したと想像される場合には土台から飛散することもある．

　木質構造の破壊とは言えない可能性もあるが，図 6.6-9 のようにアンカーボルトや土台・柱間接合部，さらに構造体の強度が十分な場合に，基礎底盤下面から全体転倒する場合もある．

図 6.6-6 上部構造が飛散して残った下枠・土台

図 6.6-7 上部構造の飛散と床組部材の破壊

図 6.6-8 土台を含む上部構造の飛散

図 6.6-9 基礎底盤からの全体転倒

【参考・引用】
1) 国総研資料　第 703 号　平成 24 年(2012 年)5 月 6 日に茨城県つくば市で発生した建築物等の竜巻被害調査報告，2013.4

7 まとめと今後の課題

　国内森林資源の充実を背景に，日本の社会は森林や木材の利用に大きく動いている．平成22年に成立した「公共建築物等における木材の利用の促進に関する法律」は，まさにその先鞭をつけるものであり，それによって木質構造の技術革新はこれまでにないスピードで進んでいる．

　戦後の国内森林資源の荒廃から生まれた木材合理化方策，関東大震災や戦災，度重なる都市大火の反省から厳格化された防耐火基準など，社会での木材利用を控える動きばかりだったこれまでとは，大きく一線を画す時代にある．

　高度経済成長期に木材は，目新しい建物の要素素材として注目を受け，幾つかの建築物が建設された．そこでは木材の見た目の美しさである審美性が注目され，建物内部に構造躯体をそのまま露出させて，素材の持つ良さを訴えた．一方で，綺麗に仕上げようとする努力は，構造体の建設コストの上昇を引き起こしたが，バブル経済の時代には，それが許容されて建設されたため，「木材は綺麗だが建設コストが高い」という定説を創り上げたと言えよう．

　集成材製造技術の発展時期とも重なる1950年から60年代は，木材の長さと体積の限界を打ち破ることを可能にした大断面集成材を使って，大規模な木質構造が建築された．1980年代には，燃料にもなる木材ではあるが，断面が大きければ内部への燃焼進行には時間がかかり，剛性低下が緩やかである特性を捉えて，燃えしろ設計が導入され，準耐火構造物を構成することができるようになった．さらに2000年の建築基準法の性能規定化は，可燃物で構成された部材・構造体であっても，耐火被覆をするなどによって耐火構造物を構成することが可能になった．このように，長らく木質構造にかけられた使用材料に基づく構造的な制限が見直され，より大きな構造物を性能ベースで検討できるようになってきている．

　かつて日本では構造材料といえば木材の時代があったが，そこでの最先端技術が，その後に登場した鉄鋼やセメントを使った構造技術の発展の基礎となった．特に，強度異方性が強く，部材間接合が構造強度を支配する木質構造に対して，母材強度を上回る接合強度を容易に得られ，任意の形に一体成型ができ，必要な強度を造り込むことができる等方性材料は，材料にまつわる足枷が小さいため構造体を構成する技術に大きな進化をもたらした．他の材料で進化した技術は，今まさに木材を活かす技術として帰ってきているのであるが，古くて新しい木材は，材料自体が大きく進化できるものでは無い．木質材料として進化できる可能性はあるが，その原料となる木材の性質を引き継ぐことは間違いないのである．

　この木質構造に開かれた新しい時代は，今まで以上の自由が獲得できる可能性を秘めている．しかしながら，自然循環からの借用物にあたる木材には，長い利用の歴史があり，また材料自体が新しい性能を獲得できた訳では無い．これまで，建築物への木材利用が直面してきた，変形や破壊の問題は，新しく考え出された構造体にも生じる可能性は非常に高く存在するのである．もちろん，新しい問題が出現する可能性も同様にあり，我々木質構造に携わるものとしては，これらの問題を知り，それを新しい社会環境に適合させて解決することが求められることになる．

　与えられた条件が一定の範囲に留まる時代には，経験的に安全の範囲を定めて仕様規定化することができた．まさに木質構造は，圧倒的な経験の前に科学的な解明が追い付かなかった時代が長く続いたと言えよう．様々な科学的な解明の積み重ねによって，性能設計はその精度をあげて行くことは間違いないが，利用する人の安全や財産を守る基本に変化は無い．古くて新しいこれらの問題に，本書が活用されることを願う．既成の概念を乗り越えた，木材を活かした構造体の新しい形が具現化され，登場することを待ちたい．

木質構造部材・接合部の変形と破壊

2018 年　2 月 15 日	第 1 版第 1 刷
2020 年 10 月 15 日	第 2 刷

編　　集 著　作　人	一般社団法人　日本建築学会
印　刷　所	共 立 速 記 印 刷 株 式 会 社
発　行　所	一般社団法人　日本建築学会

108-8414　東京都港区芝 5―26―20
電　話・　(03) 3456-2051
Ｆ Ａ Ｘ・　(03) 3456-2058
http://www.aij.or.jp/

発　売　所	丸 善 出 版 株 式 会 社

101-0051　東京都千代田区神田神保町 2-17
神田神保町ビル
電　話・　(03) 3512-3256

Ⓒ日本建築学会 2018

ISBN978-4-8189-0645-7　C3052